AF298466

L'INFLUENCE RUSSE

DANS LES

Pays Moldo - Valaques

DEPUIS

KOUTCHOUK-KAÏNARDJI

JUSQU'A LA PAIX DE BUCAREST

(La Bessarabie et les Roumains)

PAR

D. D. JURASCO

CHATEAUROUX

IMPRIMERIE ET LITHOGRAPHIE BADEL

—

1913

L'INFLUENCE RUSSE

DANS LES

PAYS MOLDO-VALAQUES

La province actuelle de la Russie, qui est située à l'extrémité sud-ouest de l'Empire et qui porte le nom de Bessarabie, n'est entrée sous la domination des Tsars que le 23 mai 1812. La Bessarabie est assez bien limitée de tous côtés, quoique ces frontières ne soient presque toutes que des obstacles très peu sérieux à une invasion : le Dniester, qui la sépare, à l'est, du reste de la Russie, et le Pruth, qui marque ses limites à l'ouest du côté de la Roumanie, ne sont que des rivières sans grande importance. Aujourd'hui encore un grand nombre de contrebandiers font le commerce actif du tabac entre la Roumanie et la Russie en transportant à la nage des quantités considérables de tabac d'une rive à l'autre du Pruth. La frontière nord-ouest, vers l'Autriche-Hongrie, est démarquée par des poteaux conventionnels. Il n'y a que sa partie sud et sud-est qui soit vraiment à l'abri de tout danger, car de ce côté-là la Bessarabie est limitée par le cours inférieur du Danube et par la mer Noire. Dès les temps les plus reculés de l'antiquité, dès que l'histoire peut nous fournir quelques renseignements, nous savons que nul peuple n'a pu s'établir définitivement dans ce pays, aucun état y vivre longtemps. Les Scythes sont parmi les premiers habitants de la Bessarabie ; bientôt après la tribu des Massagètes vient les déloger et s'y installer, mais pour peu de temps, car les Gètes viennent les refouler. Ceux-ci sont à leur tour repoussés par la nation des Daces, qui paraît avoir formé un état assez puissant. Ils entrent pourtant en conflit avec les Romains, qui avaient étendu les confins de leur empire jusqu'au Danube. L'empereur Auguste passe même ce fleuve et réussit à se rendre maître de la partie méridionale du pays, qu'il incorpore à la Mœsie inférieure. Le pays qu'il avait conquis est bien différent du reste de la province au point de vue orographique et géologique. Tandis que la plus grande partie de la Bessarabie est un pays de collines, d'une altitude de 100 à 300 mètres et qui ne présente aucune différence de terrain avec la Moldavie, il se produit vers la hauteur de la ville de Bender et sur toute la largeur comprise entre le Pruth et le Dniester une dépression brusque qui se continue au sud jusqu'à la mer. Le pays est tout à fait dissemblable de celui du nord : on n'a plus le sol riche de la Moldavie, avec ses immenses bois d'autrefois ou ses grands espaces de culture extensive d'aujourd'hui ; les champs de blé font place aux steppes infinies, à des mers de verdure qui pendant les mois d'été, pendant la sécheresse, deviennent un vrai désert aride comme le Sahara ; les collines et les vallées font place à une plaine sans aucune espèce d'ondulations, s'étendant à perte de vue. C'est la continuation des fameuses steppes russes du Volga et du Don, ce sont les mêmes étendues mornes et désolées, sillonnées parfois par quelque cours d'eau saumâtre qui se perd dans des marécages ou dans quelque lac d'eau salée.

Voilà le pays qui, selon toute vraisemblance, tomba au pouvoir d'Auguste. C'était le seul qui pouvait intéresser les Romains, car il avait été civilisé par des colonies grecques, fondées d'après les dires d'Hérodote vers l'an 508 ou 515 avant J.-C., tout le long du Danube et de la mer Noire. En effet, plus tard Trajan, devenu maître de la Dacie, se contente en Bessarabie du même territoire légué par Auguste et comme la Mœsie inférieure se trouve à l'extrême limite orientale de l'empire, Trajan y construit une sorte de digue de défense pour ses colons contre les barbares déjà menaçants ; or, ce fameux rempart de terre, cette imposante fortification coupe la Bessarabie en travers, à peu près à la hauteur de cette dépression naturelle où commence la plaine. Le reste du pays, la région boisée et fertile, est laissée en dehors de l'empire, abandonnée aux barbares ou même probablement pas conquise. Toutefois le génie militaire des Romains ne peut pas lutter contre la force des choses, le flot envahisseur traverse très facilement le Dniester entre cette digue de Trajan et la mer, se précipite dans l'empire et dorénavant toutes les invasions qui ne prendront pas la route des plaines du nord de l'Europe passeront par ce boulevard de steppes.

Les derniers des barbares, les Tartares, s'établissent même dans cette portion sud de la Bessarabie et donnent à ce pays le nom de *Budjéak*, mot qui dans leur langue signifie « angle » (1). En regardant une carte on voit que c'est vraiment un angle, formé par le

(1) Voir **D.** Cantémir, *Descriptio Moldaviæ*, p. 19.

Danube, par la mer Noire et par le cours du Dniester. Plus tard, après que la tempête des invasions se fut apaisée, après que les Principautés roumaines se furent formées, donc après le XIII° siècle, ce pays du Budjéak devint le patrimoine des princes de Valachie de la famille des *Bassaraba*: c'est là certainement l'origine du nom de cette province. Les princes valaques étendent à la fin du XIV° siècle leur autorité sur la rive droite du Danube, sur la province actuelle de la Dobrogéa, « jusqu'à la mer avec la ville de Silistrie et ses dépendances. » *C'est depuis lors que la Bessarabie porte ce nom, mais à cette époque-là et pendant les siècles qui vont suivre, d'après tous les actes et traités, ce nom n'aura rapport qu'à ce territoire de steppe, au coin du Budjéak.* Le reste du pays situé entre le Pruth et le Dniester fera, dès la constitution de la Moldavie, partie intégrante de ce pays, sera soumis à la même autorité, aura le même prince que l'Etat moldave. Comme pour suivre une loi fatale, la Bessarabie ne reste pas longtemps sous le pouvoir des princes de Valachie. Vers la fin du XV° siècle, le grand prince moldave, Etienne, qui est justement en guerre contre les Valaques, incorpore cette province et étend par elle ses frontières jusqu'à la mer. Les Moldaves ne garderont pourtant pas longtemps cette possession, car avant même la fin du règne d'Etienne le Grand les villes de Kilia et de Cétatéa Alba, les deux puissantes forteresses génoises qui commandent et qui dominent toute la plaine du Budjéak et toute la côte de la mer Noire, tombent aux mains des Turcs. Rien qu'en lisant les noms donnés successivement à cette dernière ville, on peut se rendre compte du grand nombre des propriétaires de la Bessarabie : après avoir été la colonie grecque Tiras ou Ophius, elle devint l'Alba Julia des

Daces latinisés, la Leucopolis et l'Aspra Kastron des
Byzantins, l'Akliba des Koumanes, la Feher Vár des
Hongrois, la Cétatéa Alba des Roumains, la Bel-Gorod
des Slavons, l'Ak-Kerman des Turcs et sous ces différents noms elle signifie la même chose « Ville blanche »
ou « Forteresse blanche » (1). Dès la fin du XVᵉ siècle
les Roumains eurent donc à subir ce clou dans leur
maison : les deux sandjéaks turcs de Bender et d'Ak-
kerman établis sur le territoire de l'ancien Budjéak,
de la Bessarabie des princes de Valachie. Mais ni les
princes Bassaraba, ni Etienne le Grand de Moldavie
n'ont jamais considéré cette province comme un territoire national roumain ; c'était plutôt une conquête en
dehors, faite pour les besoins économiques, afin de
servir de débouché au commerce naissant des Roumains. Elle était habitée par des colonies tartares et
même aujourd'hui la population roumaine est massée
dans le nord et le centre de l'actuelle province russe,
tandis que le coin méridional forme « das südliche,
nicht rumänische Bessarabien » (2). (Voir aussi à la
page 515 de la *Géographie universelle* de E. Reclus,
tome V, la carte relative à la population roumaine de
l'Empire russe).

L'Empire ottoman parvient au faîte de sa grandeur
sous le règne de Soliman le Magnifique. Celui-ci est le
maitre de tous les pays qui bordent la mer Noire ;
il est le chef religieux et effectif des Tartares. Cette
mer devient donc un véritable lac turc ; d'autre
part la Hongrie toute entière est transformée, après
Mohacz, en pachalic. Il était parfaitement naturel et
certain que les Pays roumains, se trouvant situés en-

(1) Voir Elisée Reclus, *Nouvelle Géographie universelle*, V. Russie,
p. 557.
(2) N. Iorga, *Geschichte des rumänischen Volkes*, p. 410.

tre ces deux courants de la conquête turque, celui de l'est vers Azow, celui de l'ouest vers Vienne, fussent forcés de plier devant le vainqueur et de subir ses lois. Toutefois les princes de Moldavie et de Valachie, pour éviter un sort pareil à celui de la Hongrie ou à celui de tous les pays balkaniques, Serbie, Bulgarie, afin de ne pas voir leurs états réduits en provinces de l'empire sous l'autorité de quelque pacha, signèrent avec le Sultan des capitulations, qui n'étaient autres que des traités de vassalité. Les Principautés gardaient leur autonomie et payaient un tribut annuel à la Porte.

Les pays du cours inférieur du Danube sont donc dorénavant les principautés tributaires de Moldavie et de Valachie et le pachalic turc de Bessarabie.

*
* *

Aussitôt après cette transformation, les Pays moldo-valaques oublient la foi qu'ils ont juré de garder envers le Sultan. Le danger passé ils ne pensent plus au tribut qu'ils doivent payer et, si par hasard la Turquie veut le leur rappeler, ils se mettent en colère et la menacent d'une guerre à outrance, d'une guerre où ils feront appel à leurs puissants voisins, l'Autriche et la Russie, tous deux ennemis de la Porte. Par leur position géographique, les Roumains ont eu une situation unique en Europe : ils ont profité de ces avantages, mais ils ont dû en subir aussi toutes les conséquences néfastes. En effet, les Pays roumains ont formé le *triplex confinium* pendant tout le XVIIIe siècle, c'est-à-dire à l'époque où les frontières des trois grands Empires : Turquie, Autriche, Russie, se touchent. Les petits états intermédiaires de la Hongrie, de la Moldavie et Valachie, de la Pologne, disparaissent ou perdent complètement leur puissance ; d'autre part, la décadence affirmée de l'Empire turc éveille un désir de conquête chez les deux empires chrétiens. Le résultat fut d'amener une longue suite de grandes guerres entreprises sur tout le front nord de la péninsule des Balkans et dans la région du Danube inférieur. Le point de contact des trois empires était donc formé par les Pays roumains et une guerre faite, soit par l'Autriche contre la Turquie, soit par la Russie contre la Turquie, soit enfin par les deux états chrétiens marchant d'accord contre l'Empire Ottoman, devait nécessairement avoir une répercussion dans ces pays. Ceux-ci avaient à subir en outre une autre infortune géographique : la Valachie et surtout la Moldavie pénétraient entre les deux em-

pires chrétiens comme l'angle le plus avancé de la Turquie et étaient, par conséquent, exposées les premières
à une invasion des armées russes ou autrichiennes et
au double désir d'extension de ces deux états.

Les princes roumains, par le fait qu'ils sont tout
ensemble chrétiens et soumis à la Porte, se sont
créé en Europe une situation très fausse. Ils avaient
certainement le droit de demander en qualité de chrétiens une aide contre l'infidèle, mais en même temps
ils devaient s'attendre à ce que les états qui viendraient
les aider fussent leurs voisins, l'Autriche et la Russie,
qui pour les secourir et les délivrer du joug ottoman,
trouveraient tout simple de les placer sous leur autorité. L'Autriche, du moins, a toujours agi avec les
Principautés roumaines comme avec la Turquie, elle
y est entrée toujours comme en pays conquis, et en
prenant en 1718 la petite Valachie, qu'elle dût rendre
en 1739, et en 1775 la Bukovine, qu'elle garde encore
aujourd'hui, elle déclara qu'elle entendait prendre ces
indemnités de guerre ou ces récompenses d'amitié
directement à la Turquie. Les principautés roumaines
n'existaient pas pour elle : lorsque le prince moldave,
Grégoire Ghika, demande à Kaunitz des explications
sur l'action autrichienne en Bukovine, celui-ci ne
daigne même pas lui répondre et quand ce même
Grégoire Ghika se plaint enfin à la Porte, l'Autriche
le fait égorger sans plus de discussion. Il est donc
compréhensible que les Roumains se soient tournés
du côté opposé, du côté de la Russie où, à la différence
de l'Autriche, le Tsar parlait au Hospodar roumain
d'égal à égal et où les armées, lorsqu'elles entraient
dans les principautés, venaient toujours en libératrices
et non en conquérantes. On dira pourtant que, malgré
ces apparences bienveillantes, la Russie a toujours eu

le désir bien affirmé de plier les Pays roumains sous sa domination ; même en admettant que les Roumains se soient doutés de ces aspirations russes, on doit convenir qu'ils préféraient se choisir un maître qui les recevait les bras ouverts et en refuser un autre qui leur promettait des coups de bâton. Car ils avaient bien vu, et à leurs dépens, que la Moldavie et la Valachie ne pouvaient pas vivre indépendantes dans cette fièvre de conquêtes qui dévorait toute l'Europe, et qu'elles seraient nécessairement obligées de se soumettre à quelque grande puissance. Dans ce cas, mieux valait aller vers la Russie, qui laissait voir sa sympathie pour les Moldo-Valaques et avec laquelle on se sentait tenu par les liens de la même religion orthodoxe et par la même culture slave. Ceci est toute l'histoire des relations des Roumains avec les Russes.

Ces relations amicales sont de temps à autre affermies par des traités et ces traités sont signés naturellement à l'occasion de quelque grand danger couru par les Pays roumains. Ainsi, le 10 août 1674, les deux princes de Moldavie et de Valachie signent avec le Tsar une convention par laquelle les « souverains » roumains se soumettent à l'autorité de la Russie afin d'être « aidés par elle et sauvés de leurs souffrances ». Les souffrances qu'ils prévoyaient, c'était la colère du Sultan que les princes roumains avaient trahi dans la guerre de l'année précédente avec la Pologne. Le 28 décembre 1688, le prince de Valachie promet dans un autre traité « une soumission éternelle (à la Russie) en considération de la même religion orthodoxe ». Mais dans ce cas aussi le prince roumain s'était aliéné la confiance du Sultan par sa trahison lors du siège de Vienne et par sa participation à la Sainte-Ligue (1).

(1) Voir les deux traités dans M. Mitilineu, *Colecţiune de Tratate*, p. 68 et 71.

Ces traités demeurent pourtant à l'état de simples
projets, parce que les tsars russes, trop occupés de
la réorganisation intérieure de leur Empire, ne se
sentent pas de force à lutter victorieusement contre les
Turcs. La Russie formait déjà, grâce aux Ivans « les
rassembleurs de la terre russe », un assez vaste état,
mais elle vivait dans une sorte d'isolement et cet
isolement était encore un peu la condition de leur
barbarie ; les Etats orientaux de Suède, de Pologne,
de Turquie, constituaient pour la Russie une barrière,
qui l'empêchait de regarder vers l'Occident civilisé.
Pierre le Grand, le plus grand des Romanow, après
avoir transformé son état sur le modèle européen,
voulut lui ouvrir la route vers l'Ouest. Il avait en vue
deux possibilités : prendre la Baltique au nord, se
rendre maître de la mer Noire au sud. Les circonstances lui permirent d'aspirer aux deux conquêtes à
la fois : pendant les guerres de Charles XII en Alle-
magne, Pierre le Grand eut le loisir de s'approprier
les provinces baltiques ; la décadence de l'Empire
ottoman après Carlowitz lui donna le courage d'atta-
quer la Turquie qui avait donné asile à son ennemi, le
vaincu de Pultawa, sur le territoire de l'Empire, dans
le sandjéak de Bender, en Bessarabie.

Enfin, Charles XII devine la politique du Tsar, il
voit la relation qui existe entre la ruine de la Suède
et l'attaque de la Turquie, il veut l'expliquer aux Turcs.
Mais le Sultan a déjà écouté les conseils de Desal-
leurs, l'envoyé de Louis XIV à Constantinople, qui lui
disait en 1707 : « Le Tsar n'attend que la fin des guerres du Nord pour couvrir de ses flottes la mer Noire,
pour lancer ses armées en Crimée » (1). Il avait donc

(1) E. Bourgeois, *Politique étrangère*, tome 1, p. 277.

envoyé 100.000 hommes en Bessarabie, sous le commandement de son Grand Vizir, Baltadji Mahomet Pacha, afin de parer à toute attaque éventuelle des Russes. Il ne dut pas attendre longtemps. Pierre le Grand fit tout de suite des représentations auprès du Sultan pour engager celui-ci à expulser Charles XII de ses Etats ; devant le refus catégorique de la Porte, le Tsar se décida à commencer la guerre et en 1711, moins de deux ans après Pultawa, il lance en Europe son fameux manifeste, intitulé : « Justitia Armorum, quæ Sacra Sua Czarea Majestas Petrus I, Magnæ Russiæ Imperator, in sui defensionem adversus perfidum Turcarum Sultanum Achemutum, pacis violatorem... » et ce manifeste contient plus loin une phrase très caractéristique : « Gemunt Barbarum jugo opressi Græci, Valachi, Bulgari Servique quanta sit illis religio pactorum deterrimæ suæ miseriæ experiuntur... » (1). Cette phrase explique toute la politique que va suivre désormais la Russie : héritière des patriarches de Byzance, elle se servira de ce fait pour s'arroger le titre de libératrice des orthodoxes tombés sous le joug de l'infidèle et pour donner à toutes ses guerres contre la Turquie un air de croisade. C'est en invoquant ce motif que Pierre le Grand s'attacha les sympathies des Roumains et qu'il réussit à conclure avec les princes Démétrius Cantémir de Moldavie et Constantin Brancovan de Valachie des traités formels d'alliance en vue des hostilités qui allaient commencer en cette année 1711.

On ne connaît que le traité du 13 avril 1711, passé avec Cantémir. Dès le préambule, le Tsar laisse percer ses vues sur la Moldavie : il incite les Roumains à

____

(1) Zinkeisen, *Geschichte des osmanichen Reiches*, V. p. 422, note 1.

se révolter contre les Turcs, il leur promet son appui, à condition qu'en retour ils s'engagent à se placer sous son autorité. Après avoir rappelé son manifeste, Pierre le Grand dit, en insinuant son prétexte de croisade : « Ainsi, l'Illustre Souverain et Prince du pays de Moldavie, Démétrius Cantémir, comme un orthodoxe chrétien luttant au nom de Jésus-Christ, en voyant l'approche de nos troupes, a cru utile de se fatiguer avec nous, pour l'émancipation de l'excellent peuple moldave... et — maintenant vient la partie intéressante du traité — *il sollicite que tout le pays et le peuple moldaves se soumettent à la protection de notre Majesté Impériale* » (1). Dans le corps du traité, où l'on stipule la collaboration des troupes moldaves avec les troupes russes, l'organisation intérieure du pays, les avantages que le Tsar accordera au Prince, il est toujours question du « Prince Cantémir » et de « Notre sujet ». Ceci est le traité officiel et secret, signé à Saint-Pétersbourg, qui montre les faits sans détour, brutalement ; c'est l'arrangement entre Cantémir et le Tsar, arrangement par lequel la Moldavie est arrachée à la domination turque pour passer entre les mains des Russes. Le hospodar roumain craignit toutefois que son divan de boyards ne voulût, malgré la sympathie affirmée pour les Russes, se placer sous la domination complète des Moscovites. Il fit alors rédiger par son ami et conseiller, Ioan Neculce, une autre version du traité, officieuse celle-là, et que Neculce, comme historien, a inscrite dans sa chronique. Les mots d' « Illustre Prince » et de « Notre sujet » disparaissent, ils font place aux mots de « Moldavie » et de « pays ». L'article premier, qui est

<hr>

(1) M. Mitilineu, *Colecţiune de Tratate*, p. 74.

l'article essentiel, a ici une teneur tout à fait différente de celle du traité officiel « La Moldavie aura le Dniester pour frontière et le Budjéak avec toutes ses forteresses lui appartiendra... pour le moment seulement les Russes placeront des soldats dans les forteresses, jusqu'à ce que le pays se soit consolidé, et *ensuite les troupes moscovites devront partir.* » Cantémir pouvait être sûr qu'avec un pareil traité tout le pays marcherait à la guerre sans hésiter : la frontière du côté de la Russie se trouve respectée puisqu'on reconnaît que la Moldavie s'étend jusqu'au Dniester ; *la Russie s'engage, de plus, à faire restituer le Budjéak, c'est-à-dire la Bessarabie, à la Moldavie, qui l'avait perdue au temps d'Etienne le Grand.* Afin de rendre tout à fait impossible un retour offensif des Turcs en Bessarabie, les troupes du Tsar garderont quelque temps les forteresses de cette province, les villes de Kilia, Akkerman et Bender sans doute, mais après que la Moldavie se sera consolidée les troupes russes devront quitter le pays. Tout ceci est magnifique : la Russie promet son indépendance à la Moldavie, elle lui offre même un agrandissement de territoire et elle ne lui demande rien en retour. La déclaration d'indépendance est même accentuée par l'article 2 qui dit : « Le pays ne paiera aucun tribut ». En réalité cette indépendance complète, de même que la promesse de rendre à la Moldavie la province de Bessarabie ne sont qu'un moyen assez peu honnête de tromper les boyards moldaves. Plus tard, lorsque ceux-ci voient approcher la petite armée exténuée, désapprovisionnée des Russes, ils s'aperçoivent de l'erreur qu'ils ont commise en se fiant aux beaux discours de leur prince et ils refusent d'aller à un désastre certain. Mais le coup est fait, il faut en subir les conséquences :

le Sultan a eu connaissance de la trahison sans
précédent des princes roumains et, poussé par la
France et par Charles XII, il déclara la guerre à
la Russie, enfermant, d'après le droit des gens ottoman, l'ambassadeur russe à la prison des Sept-
Tours. D'un autre côté, Constantin Brancovan de
Valachie, dénonce, pour sauver la situation, le traité
qu'il a conclu, lui aussi, avec Pierre le Grand et alors
le Tsar, qui avait surtout compté sur le concours des
Moldo-Valaques, assiste, lorsqu'il entre en Moldavie,
au spectacle lamentable et désolant de voir venir à son
camp ce pauvre Cantémir sans armée, sans argent,
sans provisions, seul, pour faire honneur à sa signature. Le résultat on le connaît: pris avec toute son
armée comme dans une impasse dans un des méan-
dres du Pruth, près du village de Stanilesti, Pierre le
Grand doit se rendre avec toute sa famille, armes et
bagages, entre les mains du Grand Vizir Mahomet.
Pourtant, grâce aux riches présents, que sa femme
Cathérine fait au Vizir, Pierre se voit imposer au traité
de Hussi, du 21 juillet 1711, des conditions beaucoup
moins onéreuses qu'il ne s'y attendait: on l'oblige à
restituer Azow et à ne jamais intervenir en Pologne.
Par l'incurie des Turcs la partie, que Pierre croyait
avoir perdue, n'était que remise. La France et Charles XII font des représentations à Constantinople,
mais en vain : Youssouf, le successeur de Mahomet,
qu'ils ont fait exiler à Lemnos, se contente de ratifier
en 1712 le traité de Hussi. En même temps que la
famille du Tsar, s'échappait aussi du camp de Stanilesti, caché sous des couvertures parmi les bagages
de l'Impératrice, le Prince Cantémir, que les Turcs
cherchaient partout pour le tuer. Conformément aux
stipulations de l'article 14 du traité officiel, Pierre le

Grand l'emmena à Saint-Pétersbourg où il le combla d'honneurs et de richesses. La famille de Cantémir se russifia rapidement et son fils, Antiochus, fut nommé plus tard ambassadeur à Paris, du temps de l'ambassade de La Chétardie à Saint-Pétersbourg (1).

*
* *

Les suites de cette guerre russo-turque furent extrêmement malheureuses pour les pays roumains : le Sultan, exaspéré de leur mauvaise foi, décida de ne plus choisir les princes parmi les Roumains, mais parmi les gens à sa solde de Constantinople, les Grecs du Phanar, marchands de pierres précieuses, banquiers-usuriers et à l'occasion drogmans de la Porte. « Valets des Turcs, espions des Russes, trahissant tour à tour les deux gouvernements, uniquement occupés, *per fas et nefas*, d'amasser des trésors » (2), ces Phanariotes étaient la classe la plus basse et la plus tarée de la société déjà si corrompue de Constantinople. Ce furent ces esclaves de l'argent que le sort désigna à être pendant plus de cent ans, les maîtres des Principautés roumaines. Princes grecs, ils se trouvaient donc entièrement étrangers au peuple moldo-valaque ; mais ce ne fut ni leur qualité de Grecs, ni celle d'étrangers qui détermina les malheurs qui s'abattirent sur la Moldavie et sur la Valachie. Au xviie siècle déjà, ces pays avaient eu des princes étrangers, allemands, italiens, grecs, albanais, et quant à la question grecque, elle était tellement ancienne qu'elle avait provoqué en 1632 une réaction nationaliste dans ces deux pays. Le

(1) Voir A. Rambaud, *Recueil d'instructions données aux ambassadeurs et ministres de France*. Russie, p. XXXVIII.
(2) Vicomte de la Jonquière, *Histoire de l'Empire ottoman*, p. 367.

malheur était autrement grave. Lorsque la Porte eut décidé d'envoyer des Phanariotes en Moldo-Valachie, toute cette population avide vint se précipiter pour offrir ses services. Le Divan se trouva très embarrassé dans son choix, mais comme tous les candidats s'empressaient à distribuer des cadeaux de droite et de gauche, aux vizirs et aux femmes du sérail, il arriva ce qui arrive toujours dans les pays soumis à la vénalité : on donna le trône à celui qui avait offert les plus riches présents. Les hauts dignitaires ottomans se laissèrent facilement prendre à ce jeu amusant, ce jeu devint bientôt une habitude et il ne se passa pas longtemps avant que l'on ne décidât que *les trônes de Moldavie et de Valachie seront désormais mis aux enchères.*

Les conséquences d'un tel état de choses sont faciles à prévoir : En raison de la concurrence extraordinaire, l'heureux enchérisseur, qui recevait l'investiture, arrivait à dépenser jusqu'à son dernier sou, à se ruiner complètement, et affamé, entouré de toute une bande d'affamés comme lui — ses créanciers —, il partait alors pour le pays où il était nommé prince avec la seule idée d'imposer la population afin de pouvoir payer à la Porte un tribut toujours plus élevé et de pouvoir dédommager ses créanciers après avoir refait sa fortune. Et il lui fallait se hâter de prélever les lourds impôts, car il savait bien qu'il serait vite changé, sous n'importe quel prétexte, par les Turcs, toujours à court d'argent.

Trente-cinq princes en Valachie, trente-six en Moldavie, pour une période de 110 ans, des pays épuisés, une population errante dans les montagnes à cause des exactions, voilà le bilan du règne des Phanariotes.

***

A la suite de ce changement survenu dans la vie de la Moldavie et de la Valachie, la Russie modifie elle aussi sa politique envers ces deux pays. Comme les princes phanariotes sont des étrangers pour les états qu'ils gouvernent, cordialement détestés par le peuple, les tsars n'auront plus aucune raison de s'adresser aux hospodars lorsqu'ils voudront réaliser leur plan de conquête sur les Pays roumains. Ce plan aura, comme toujours, pour prologue, un essai de la part de la Russie de s'attacher les sympathies des populations moldo-valaques ; elle continuera donc à conclure, comme auparavant, des traités et des conventions avec les Pays roumains, mais ces conventions et ces traités seront passés dorénavant directement avec le peuple, représenté par les boyards des deux Principautés.

Le XVIII° siècle fut excessivement fertile pour la Russie en occasions de conflits avec la Porte et donc d'interventions en Moldo-Valachie. Dès 1711, Pierre le Grand chercha tous les moyens de faire disparaître les conditions du traité de Hussi ; l'occasion se rencontra en 1718, lorsque le Sultan, vaincu par l'Autriche, fut trop heureux d'accorder au Tsar, afin de s'en faire un ami, des modifications aux stipulations contenues dans le traité, relativement à la Pologne. La Russie profita de ces avantages et intervint lors des compétitions provoquées par la mort d'Auguste II. Ce fut le début de toute une série d'actes vexatoires de la part des Russes envers la Turquie, en Perse et en Crimée, dont le résultat final fut de forcer la Porte à déclarer la guerre le 28 mai 1736. Cette guerre victorieuse pour les Russes servit l'Autriche, tout comme en 1718 les victoires autrichiennes avaient aidé la Russie. En voyant les troupes moscovites pénétrer en Bessarabie et en Moldavie, l'Empereur, pour ne pas laisser la Tsarine s'arroger seule les dépouilles turques, fit ouvrir à Niemirow, en Ukraine, un congrès de « conciliation » où l'Autriche jouerait le rôle de médiatrice ; la cour de Vienne espérait faire par ce moyen des acquisitions et « man fasste in's Auge die Wallachei bis Braila und die Moldau bis an den Pruth » (1). Mais l'article 3 des propositions écrites de la Russie du 19 août 1737, savoir : « la reconnaissance de la Moldavie et de la Valachie comme principautés indépendantes placées sous la suzeraineté de la Russie » (2), laisse entrevoir à l'Autriche qu'elle ne pourra réaliser ses espérances qu'en faisant, elle aussi, la guerre à la Porte. Cette guerre lui fut fatale : les troupes autrichiennes, exténuées et mal conduites, ne surent pas résister aux attaques des armées turques, réorganisées par le pacha Bonneval. Elles se virent refoulées sur le Danube et le 18 septembre 1739, l'Empereur fut obligé de rendre à la Porte la petite Valachie et la ville de Belgrade. La loi des compensations fut utile en cette occasion, car l'Autriche ne s'en tira à si bon compte que grâce aux victoires des Russes pendant cette campagne. Le commandant en chef, le général Munich, après avoir pris Azow, la Crimée et Oczakow, s'était emparé de la Bessarabie, avait pénétré en Moldavie, et fait une entrée triomphale dans la capitale, à Jassy. Tous les boyards, métropolite en tête, lui firent un accueil excessivement chaleureux. Ioan Neculce, le chroniqueur de l'affaire du Pruth, quoique très mal disposé à l'égard du général russe, admet pourtant (3) que « Munich, tant qu'il est resté

---

(1) Adolf Beer, *Die orientalische Politik Oesterreichs seit 1774*, p 15.
(2) J. de Hammer, *Histoire de l'Empire ottoman*, tome XIV, p. 380.
(3) *I. Neculce*, Letopisete, vol. II, p. 408.

à Jassy, faisait venir chez lui chaque jour le métropolite, les Caïmacams (1) et d'autres boyards ; et qu'il
les invitait à sa table pour les régaler. » Neculce,
furieux contre les Russes depuis 1711, parce qu'on
l'avait trompé à propos du traité, déclare dans cette
même chronique que Munich est venu en conquérant
et non en libérateur, car il a imposé aux boyards des
conditions vexatoires. Pourtant ces conditions, réqui-
sitions et contributions, n'ont certainement pas été
imposées par la Tsarine ; c'eût été de sa part un geste
trop peu politique. En effet, l'acte de Munich a eu
pour conséquence de refroidir assez visiblement l'élan
de sympathie des Moldaves. On doit toutefois se
rappeler que Munich n'était qu'un Allemand aux gages
de la Russie, n'ayant peut-être pas compris la politique russe dans les Principautés. Les agissements de
ce général n'eurent pas, d'ailleurs, une trop grande
importance, puisque la Tsarine, pour aider l'Autriche,
n'exige de la Porte aucun avantage dans les Pays roumains et se contente de ses conquêtes en Perse, de la
neutralité d'Azow et de son influence en Pologne.

***

Ce fut encore la question polonaise qui provoqua
quelque trente ans plus tard, le 30 octobre 1768, une
nouvelle guerre russo-turque, ouverte par le manifeste
du Sultan aux puissances contre la Russie qui « a osé
anéantir les libertés de la Pologne. » (2). La mort
d'Auguste III avait provoqué des troubles dans cette
République élective, une intervention étrangère, la

____

(1) Les « Caïmacams » étaient des boyards qui formaient la régence, car
le prince s'était enfui aux premiers bruits de guerre.
(2) A. Sorel, *La question d'Orient au XVIII⁰ siècle*, p. 28.

formation d'une vaste confédération de patriotes à Bar,
la poursuite des confédérés par les troupes moscovites jusque sur le territoire ottoman, dans le district de
Baltzi. Quoique Baltzi fût moldave — étant situé dans
le nord du pays entre le Pruth et le Dniester, et par
conséquent non soumis à l'autorité directe du Sultan —,
quoique Catherine II eût affirmé que ses troupes ne
poursuivaient que des aventuriers russes « haïda-
maks » (2), la Porte ne voulut rien entendre, elle se
déclara offensée et enferma, par conséquent, le résident russe à Constantinople à la prison des Sept-
Tours.

Toute cette campagne fut un désastre pour la Turquie : son armée fut détruite à Choczim (actuellement
Hotin) sur le Dniester, sa flotte brûlée à Tchesmé dans
l'Archipel. En 1770, la Russie avait conquis Azow, la
Crimée, le rivage de la mer Noire entre le Dnieper et
le Dniester, la Bessarabie, la Moldavie, la Valachie,
une partie de la Bulgarie, les îles de l'Archipel. Ces
victoires foudroyantes mirent toute l'Europe en émoi :
la France craignait de perdre sa situation dans le
Levant, l'Autriche et la Prusse étaient effrayées de
l'accroissement considérable de la Russie. Les entre-
vues de Frédéric II et de Joseph II à Neisse et à Neus-
tadt convainquirent Catherine du danger qu'elle cou-
rait en convoitant la Turquie et la décidèrent à accepter un arrangement en Pologne. D'un autre côté,
la France conseillait au Sultan de conclure le plus tôt
possible une paix honorable avec la Tsarine et c'est
ainsi que fut signé le 10 juillet 1774, après une pression
faite sur les deux parties, « le traité de paix éternelle
et d'amitié entre l'Empire de Russie et la Porte otto-

(1) Voir C. Calmuski, *Relațiunile politice ale țerilor romăne cu Rusia*,
p. 43.

mane dans la tente du Commandant en Chef, le Feld-Maréchal comte de Roumanzow, sur la rive droite du Danube, *près du village de Koutchouk-Kaïnardji* » (1).

Cette paix de 1774 est des plus intéressantes pour les Pays roumains, parce qu'elle est le point de départ d'une phase toute nouvelle dans les relations des Russes avec la Moldavie et la Valachie. La situation des deux Principautés avait empiré depuis 1739 : les hospodars phanariotes changés très souvent, presque tous les deux ou trois ans, sont pour la plupart d'une rapacité et d'un manque de pitié inouis, la population se trouve portée au maximum de misère, au comble du désespoir. Les boyards roumains ont vite oublié les désagréments causés par Munich : on reçoit en Moldavie le lieutenant-général de Elmpt avec des cris de joie et on regarde le Prince Galitzine comme une Providence ; les mêmes faits se passent en Valachie avec le général Stoffeln. En même temps, des députations de boyards des deux pays vont à Saint-Pétersbourg porter à la Tsarine des actes de soumission à la Russie. Les Moldaves et les Valaques supplient Catherine II de les prendre sous son auguste protection ; les premiers « se prosternent devant les traces de Ses pieds illustres », les autres « baisent les traces de Ses pieds impériaux » (2). En principe, on demande le protectorat de la Russie, avec un gouvernement local formé de 12 boyards et avec un corps d'armée russe, servant à la défense du pays et commandé par un général russe ; *la fonction de ce général correspondrait à celle du résident général dans les Etats actuellement protégés de la France.*

(1) Voir Géo. Fréd. de Martens, *Recueil de traités*, tome II, p. 287.
(2) M. Kogalniceanu, *Archiva romaneasca*, tome I, p. 157 et 180.

La Russie, forcée de signer la paix à Koutchouk-Kaïnardji, ne put satisfaire aux demandes des boyards roumains, mais elle fit de son mieux pour s'assurer une situation prépondérante dans les affaires des Principautés. Le traité définitif, rédigé en 28 articles, approuvé et ratifié par Sa Hautesse à Constantinople, contient un article du plus haut intérèt, l'article 16, relatif à la Moldavie et à la Valachie. « L'Empire de Russie, dit cet article, restitue à la Sublime Porte toute la Bessarabie,... les deux principautés de Wallachie et de Moldavie... aux conditions suivantes...: 1) d'observer à l'égard de tous les habitants l'amnistie absolue et éternel oubli... 2) de n'empêcher aucunement l'exercice libre de la religion chrétienne... 7) de n'exiger de ces peuples aucune contribution ni paiement pour tout le temps de la durée de la guerre... les tenir quittes de tout impôt pour deux années... 9) la Porte permet aux Princes de ces deux Etats d'avoir auprès d'Elle un Chargé d'affaires... 10) *que les Ministres de la Cour Impériale de Russie résidents auprès d'elle puissent parler en leur faveur...* » (1) Ce ne fut donc qu'en 1774 que la Russie s'arrogea d'une manière officielle le titre de protectrice des chrétiens soumis à l'infidèle et, à un point de vue plus spécial, ce fut seulement à partir de cette date qu'elle eut le droit d'exercer son influence sur les Pays roumains, par son ambassadeur à Constantinople, qui devenait le défenseur légal, auprès du Sultan, des intérêts de la Moldavie et de la Valachie. *La cour de Saint-Pétersbourg gagnait donc la liberté complète de poursuivre à sa guise une politique de conquête dans les Principautés et la Porte n'avait aucune possibilité de s'y opposer, parce que le*

(1) Géo. Fréd. de Martens, *Recueil de traités*, tome II, p. 287.

*moindre geste donnerait naissance à des protestations
véhémentes de la part de l'ambassadeur russe à Constantinople.* « L'empire ottoman, écrivait alors le diplo-
mat autrichien Thugut, devient dès aujourd'hui une
sorte de province russe ». (1)

*
* *

La décadence turque offrant sur le Danube l'espoir
d'une si belle part d'héritage, Catherine ne pouvait en
aucun cas s'arrêter à mi-chemin. Elle devait agir, en
effet, car tout retard ou tergiversation de sa part cons-
tituerait un avantage pour l'Autriche, qui de même que
la Russie était héritière « in spe » de l'Empire ottoman.
La preuve la plus évidente de cette situation a été
fournie à la Tsarine en 1775, lorsque Joseph II, sûr du
côté de la Russie, liée par le partage polonais de 1772,
s'est emparé de la Bukovine, une province turque ou
plutôt moldave, située entre la Galicie et la Transylvanie « ein Grenzendistrict... etwa 30 Stunden lang und
10-20 Stunden breit .. » (2) A titre de compensation,
Catherine pouvait agir sans qu'aucune protestation ne
pût être formulée par l'Autriche. Le Sultan s'était amè-
rement trompé sur l'attitude qu'allait prendre la cour
de Vienne ; comptant certainement sur l'appui de cette
puissance, appui légitimé par la cession de la Bukovine,
le gouvernement ottoman refuse nettement d'exécuter
tous les points du traité de Koutchouk-Kaïnardji. Von
Gaffron, ambassadeur de Prusse à Constantinople,
écrit à son roi le 3 juin 1776: «... la Porte se flatte
peut-être au cas d'une nouvelle brouillerie avec la

(1) E. Bourgeois, *Politique étrangère*, tome I, p. 439.
(2) Zinkeisen, *Geschichte des osm. Reiches, VI*, p. 102.

Russie d'être secourue par l'Autriche... » (1) La Porte
se flattait en effet : lorsque la Russie éleva des objec-
tions sur l'attitude de la Turquie, l'Autriche ne bougea
pas. Bien plus, la France, alliée de l'Autriche et grande
amie de la Porte, désirant obtenir en Europe le concours de la Russie, concours qu'elle eut effectivement
en 1779 lors de la paix de Teschen, conseilla au Divan
d'user de modération et de faire même des concessions à la Tsarine, s'il le fallait. Le résultat fut que le
21 mars 1779, le vizir se vit obligé de signer à Ain-
Ali-Quâvâq, grâce aux bons offices de l'ambassadeur
français, de Saint-Priest, une convention explicative
du traité de 1774. La Russie obtenait, entre autres,
par une modification habile apportée au texte de l'article 16 du traité, de grands avantages quant à son
influence dans les Principautés roumaines : elle subs-
titua à l'expression de « *parler en leur faveur* » celle de
« *droit d'intercession.* » (2) L'Empire moscovite faisait
par là un grand pas en avant dans sa politique orientale: *il avait maintenant le droit de s'immiscer officiellement dans les affaires de la Moldavie et de la Valachie,*
il pouvait maintenant *exiger des modifications* et des
réformes dans l'organisation de ces pays. Aussi, la
Russie ne perdit-elle pas de temps à attendre l'occasion propice et, immédiatement après la signature de
la convention, Catherine II demanda au Sultan l'auto-
risation d'envoyer des consuls en Moldavie et en Valachie. Celui-ci ne voulut rien entendre ; il comprenait
bien qu'admettre l'installation de ces consuls dans les
Principautés, ce serait abandonner presque ces provinces aux mains de la Russie. Mais devant l'insis-

(1) N. Iorga, *Acte si fragmente, II*, p. 127.
(2) Voir A. D. Xénopol, *Etudes historiques sur le peuple roumain*,
p. 179.

tance belliqueuse de la Tsarine et devant l'attitude de
la France, qui lui conseille comme en 1779 d'accéder
aux demandes russes, le Sultan n'eut pas le courage
de résister et, en décembre 1781, il reconnut Lascarow
comme premier consul russe, en Moldavie, en Valachie
et en Bessarabie, avec résidence à Bucarest.

La Russie ne s'estime pourtant pas encore satis-
faite ; on sait que son grand rêve, la question presque
vitale pour elle, c'était de s'ouvrir la route de la mer
Noire. Or, même en envisageant la main-mise sur les
Principautés danubiennes comme résolue, ceci ne
remplirait qu'une partie de son programme. C'est
pourquoi Catherine II se tourne du côté de la Crimée
et essaie d'y établir sa domination : en 1779 elle avait
fait nommer Khan son protégé, Chahin-Gueraï ; le
25 juin 1783, von Gaffron annonce à Frédéric II que ce
Khan a abdiqué et «... (qu') il est certain que Chahin-
Gueraï en abdiquant, a donné sans réserve à l'Impératrice de Russie la Crimée et tout ce qui en dépend,
*avec toutes les prétensions qui dérivent de cette posses-
sion sur la Bessarabie...* » (1) Il est, sans aucun doute,
question de la partie méridionale, connue sous le nom
de Budjéak et où les Turcs avaient établi deux sandjéaks. La Russie est donc sur le point de devenir
maitresse d'une grande partie du littoral de la mer
Noire. Mais l'Autriche prend ombrage devant les agissements de sa rivale. Bien avant ces événements, en
1777 déjà, Joseph II avait essayé, pendant son séjour
à Versailles, d'attirer son beau-frère dans ses vues
orientales : afin d'arrêter l'expansion russe, Joseph II
proposait à Louis XVI le partage de la Turquie ;
l'Autriche prendrait la Moldo-Valachie et, comme

(1) N. Iorga, *Acte și fragmente*, II, p. 170.

compensation, il offrait à la France l'Egypte, qu'elle convoitait depuis longtemps. Mais Vergennes voulait avoir la paix en Europe et, quant au péril russe, le rapport de Thugut dit que « le conseil du roi avait jugé superflu de s'en inquiéter si fort à l'avance ». (1) L'empereur d'Autriche fut donc éconduit. En désespoir de cause, il alla voir la Tsarine à Mohilew : ne pouvant s'y opposer, il voulait s'entendre avec elle sur le partage de l'Empire ottoman. L'entente ne se fit pas du premier coup. Catherine dévoila à son hôte son fameux plan grec : elle offrait à l'Empereur la Bosnie, la Serbie et Belgrade ; pour elle-même, elle ne se réservait que l'Oczakow avec son territoire, la Crimée « und alles Land, welches etwa noch nötig sein würde ihre Grenzen besser zu arrondieren » (2). Mais elle proposait de constituer avec le reste de la Turquie d'Europe et les îles de l'Archipel un « Empire d'Orient », pour son second petit-fils, le Grand duc Constantin ; elle proposait encore de former avec la Moldavie, la Valachie et la Bessarabie, un Etat autonome sous le nom de « Dacie ». Ces deux derniers projets n'obtinrent pas l'assentiment de Joseph II : la constitution de cet empire d'Orient était une prise à peine déguisée de Constantinople et tout le monde savait que le trône du futur état de Dacie était réservé au Prince Potemkin, le favori de la Tsarine.

A ce moment, Joseph II s'adresse de nouveau à Louis XVI, mais en reçoit le même refus. Il se voit alors obligé d'accéder aux prétentions de Catherine, qu'il modifie ainsi : il accepte en principe le plan de partage, mais demande en plus, pour l'Autriche la petite Valachie, Orsova, Widdin et Nicopolis, l'Istrie

(1) Ch. Roux, *Les origines de l'expédition d'Egypte*, p. 66.
(2) Zinkeisen, *Geschichte des osm. Reiches*, VI, p. 350.

et la Dalmatie, pour la France l'Egypte, Thorn et Dantzig pour la Prusse (le 12 novembre 1782). La Tsarine se trouve lésée par ce projet. Elle voit qu'elle ne doit compter que sur elle-même, aussi s'empresse-t-elle de commencer seule l'action contre la Turquie, en attaquant la Géorgie et la Crimée, l'île de Taman et le Kouban (1783). La tournure que prennent les évènements émeut Joseph II, il veut avoir sa part. La France, en lutte avec l'Angleterre, voulant conjurer à tout prix le péril d'une guerre continentale, signe au plus vite la paix à Versailles, afin « d'avoir les mains libres pour agir, autant qu'il était encore possible, contre les éternels perturbateurs de la paix en Orient » (1). Immédiatement après, Vergennes, soutenu par l'Angleterre, détermine les Turcs à faire des concessions à la Russie et, en effet, le 8 janvier 1784 le Sultan cède à la Tsarine, par la convention de Constantinople, la Crimée, le Kouban et l'île de Taman. Le partage de l'Empire ottoman est donc écarté pour le moment. Joseph II se montre peu satisfait ; un autre personnage ne l'est pas davantage : c'est le Prince Potemkin, qui, avec l'échec du projet byzantin de Catherine, voit s'éteindre en même temps un rêve qu'il caressait depuis longtemps peut-être. Déjà le 28 janvier 1783, von Görtz, ambassadeur de Prusse à Saint-Pétersbourg, écrivait à son roi : «... L'ambition de faire parler de lui (Potemkin) comme d'un grand capitaine, le désir de devenir par ce programme extraordinaire indépendant du Grand-Duc le futur Paul I) et à l'abri d'aller terminer un jour sa carrière en Sibérie, idée dont il est quelquefois frappé, et peut-être une souveraineté indépendante... » (2). Toutes

(1) Ernest Lavisse, *Histoire de France*, IX, p. 117.
(2) N. Iorga, *Acte și fragmente*, II, p. 166.

ces raisons sont probables ; le fait est qu'il voulait agir le plus vite possible, car le 18 février de la même année, von Görtz écrivait encore à son roi que le Prince avait vendu toutes ses propriétés et qu'il avait acheté 40.000 paysans du côté de la Moldavie, ce qui « donne plus de probabilité que ce païs lui est destiné dans le partage... » (1). Lorsqu'il vit l'accord passé entre Catherine et le Sultan, il fit tous les efforts pour détourner l'impératrice de cet arrangement et, en 1787, il trouva enfin le moyen : le voyage à Kerson est son œuvre et ce fut un chef-d'œuvre. Cette promenade faite par la Tsarine, du 15 janvier au 22 juillet 1787, à travers des pays arrangés par Potemkin comme des décors d'opéra, et dans laquelle elle fut accompagnée par un certain Comte de Falkenstein, qui n'était autre que Joseph II, provoqua, par son caractère de démonstration belliqueuse, une déclaration de guerre, faite par la Turquie à la Russie le 26 juillet 1787.

Vergennes n'est plus là pour écarter le conflit. Catherine et Joseph II commencent la guerre d'un commun accord, en vertu d'un nouveau projet de partage : en décembre 1787, Joseph attaque Belgrade et le 8 février 1788 180.000 Autrichiens envahissent le territoire ottoman ; en même temps Potemkin et Romanzow pénètrent dans le Bas-Danube. Malgré les belles victoires des Russes avec Souvarow à Fokchany (31 juillet 1789), à Martinesti sur le Rymnik (22 septembre 1789), malgré la prise d'assaut de la forteresse d'Ismaïl, le mouvement de la politique russe se trouve très entravé par l'incapacité des généraux autrichiens, qui essuient des désastres, et surtout par les embarras que lui crée l'attitude hostile de l'Angleterre. Les

(1) *Ibidem.*

évènements extrêmement graves, qui se passent en France, déterminent le nouvel Empereur Léopold, qui n'a pas la folie des conquêtes comme son frère, à conclure au plus vite une paix honorable avec le Sultan (Sistowa, 4 août 1791). Catherine reste alors seule devant le grand problème oriental : la Turquie est presque vaincue, mais la Suède, poussée par l'Angleterre, la menace et la Pologne est en pleine révolution, grâce à la Prusse. Tout espoir n'est pourtant pas perdu pour la Tsarine de garder au moins les Principautés roumaines comme compensation de cette guerre ; elle ne peut les prendre directement, mais comme Potemkin, se servant des victoires de Souvarow, travaille pour son propre compte auprès des boyards moldaves à Jassy, elle espère s'approprier ces pays par ce moyen détourné. Par malheur le favori de Catherine tombe malade à Jassy et meurt en octobre 1791 en plein champ, à 40 verstes de la ville. Toute possibilité de conquête étant donc écartée, il ne reste plus à la Russie qu'à conclure la paix. Par le traité, signé à Jassy en janvier 1792, elle garde la Crimée et toutes les conquêtes du Sud jusqu'au Dniester ; *elle rend à la Turquie toutes les places à l'ouest de ce fleuve.* En retour de ces avantages minimes, la Russie stipule dans ce traité un article 4, favorable aux Roumains. Comme toujours, on essaie de gagner la sympathie de la population ; on y trouve donc, comme d'habitude, les clauses d'amnistie et d'exemption d'impôt pour 2 ans. Mais maintenant Catherine ne se contente pas de ces stipulations traditionnelles, son échec lui tient au cœur, elle veut mettre à tout prix la main sur la Moldo-Valachie : on ne lui a pas permis de prendre le pays, elle prendra la population. C'est pourquoi elle exige du Sultan dans ce même traité de *permettre à tout habi-*

*tant des Principautés de quitter le pays, s'il le veut, dans
un délai de 14 mois* (1). Le but de la Russie est aisé à
deviner : on ferait passer un grand nombre de Roumains sur la rive droite du Dniester, afin de coloniser
les territoires désolés et dépeuplés qu'on acquérait
au Sud et de pouvoir se constituer peut-être du même
coup un droit sur la Moldavie et sur la Valachie, en
vertu du principe des nationalités. Les faits se réalisèrent bientôt. Il ne s'était pas écoulé six mois depuis
la conclusion du traité que déjà von Knobelsdorf,
ambassadeur de Prusse à Constantinople, écrivait à
son roi le 10 juillet 1792 que les Turcs haïssent beaucoup la Russie parce qu' « elle vient de débaucher deux
tiers des habitants de la Moldavie pour en peupler sa
dernière acquisition (entre le Dniester et le Boug)
qu'on nomme la Nouvelle-Moldavie » (2). En effet, un
ukase impérial du 29 janvier 1792 dit que les boyards
moldaves, qui sont devenus sujets russes de leur plein
gré et qui témoignent de leur zèle, méritent de rece-
voir des terres (3). Catherine réussit parfaitement dans
son entreprise : quantité de boyards moldaves, attirés
par les avantages économiques qu'on leur offrait,
allèrent s'établir en Russie avec toute leur famille,
leurs serviteurs et leurs paysans. Ils formèrent au
delà du Dniester, dans les steppes d'Oczakow, les
villages d'Ovidiopol, de Maïaki, de Doubassari noï, de
Tyraspol, de Slobozia-Hanuluï, d'Ananiew, de Bobri-
netz, de Balta. Actuellement (1898), les dernières
statistiques officielles russes relatent que dans le gouvernement d'Ecathérinoslav habite une population
roumaine de 26.574 âmes, en Podolie, le gouvernement

(1) Voir C. Calmuski, *Relațiunile politice...*, p. 105.
(2) N. Iorga, *Acte și fragmente*, II, p. 341.
(3) Voir Z. Arbure, *Basarabia în sec. XIX.*

voisin de la Bessarabie, une population de 42.481 âmes
et finalement dans le gouvernement de Kerson plus
de 210.146 Roumains (1). Une autre preuve de cette
émigration roumaine est le fait qu'à l'embouchure du
Boug il y a sur chaque rive un promontoire ; or, celui
de l'ouest s'appelle « Flèche valaque », tandis que celui
de la rive opposée « Flèche russe » (2).

La tentative de Catherine n'eut cependant pas les
conséquences qu'on en espérait ; la politique russe ne
tira guère d'avantages, en ce qui concerne la conquête
de l'élément roumain, et, à en juger d'après la carte de
la Géographie de Reclus, on serait porté à croire, vu
que la nationalité roumaine y subsiste toujours, qu'il
s'agit plutôt d'une expansion de l'élément roumain en
Russie que d'une colonisation faite par ordre de la
Tsarine.

*
* *

En 1792, les puissances européennes, effrayées par
la Révolution française, forcèrent Catherine à signer
la paix avec les Turcs.

Cette crise à ses débuts eut pour effet un bou-
leversement complet de toute la politique mondiale.
La question orientale subit un arrêt dans son évolu-
tion ; le conflit, qu'on s'attendait à voir naître entre la
Russie et la Turquie, n'éclata pas. Les trois larrons
mirent fin à l'existence de la malheureuse Pologne
sans que personne s'y opposât. Mais bientôt la nouvelle
République française et surtout l'homme de la révolution, le général Bonaparte, obligea l'Europe à envisa-

---

(1) Voir Z. Arbure, *Basarabia in secolul XIX*, p. 122-123.
(2) Voir Elisée Reclus, *Nouvelle Géographie universelle*, *V.* Russie, carte
de la p. 911.

ger de nouveau la question d'Orient et, si l'on a pu dire qu'en 1792 et en 1794 ce fut Varsovie qui sauva la France, on est tenté d'ajouter que ce fut ensuite la France qui empêcha les puissances orientales de résoudre entre elles le problème.

Pour étudier cette politique nouvelle et puissante de la France en Orient on doit essayer de comprendre un peu la personnalité de Bonaparte. Comme général en Italie et en Egypte, comme Premier Consul et comme Empereur il fut toujours le grand moteur de l'activité de la France. Quoique l'idée de l'expédition d'Egypte ne soit ni récente ni personnelle à Bonaparte, comme nous le fait si bien voir M. Charles Roux dans ses « *Origines de l'expédition d'Egypte* », il la fait pourtant sienne en l'adaptant à un plan vaste et grandiose qui, celui-ci, avait pris naissance dans son esprit. Ses conquêtes extraordinaires et ses projets encore plus extraordinaires ont intrigué tous les historiens ; on a émis toutes sortes de suppositions sur son compte, les uns l'ont traité de fou, d'autres ont dit qu'il avait aspiré à la domination universelle, Taine a vu en lui le dernier condottiere (1). Devant l'insuffisance de ces explications on a essayé d'envisager la question d'une façon plus serrée : tous les actes de Bonaparte auraient eu pour but d'atteindre et de détruire l'Angleterre ; mais on a le droit de se demander si la campagne d'Italie, la fondation de la Confédération du Rhin, la prise des provinces illyriennes, la restauration du royaume de Pologne, l'expédition de Russie ont été vraiment dirigées contre l'Angleterre. M. Driault ne le croit pas et, invoquant en Bonaparte certains traits du caractère romain qui le portaient

____

(1) Voir H. Taine, *Les Origines de la France contemporaine*, IX, chap. I.

vers l'ordre, il en conclut que le but de ses efforts fut
Constantinople, l'union de l'Orient à l'Occident, afin
de pouvoir s'intituler l'Empereur, avec un grand E (1).
Mais alors pourquoi ces projets sur l'Inde, pourquoi
cette conquête lointaine qu'il entrevit à plusieurs
reprises? C'est par la question d'Orient, mais non
celle des Russes qui rêvent Constantinople, non celle
de l'Autriche qui désire Salonique, mais par la grande,
la vraie, l'immense question d'Orient, par celle qui
embrasse tout l'Orient et même l'Extrême-Orient que
M. Emile Bourgeois explique les actions et les aspirations de Bonaparte et de Napoléon (2). L'Orient fut,
en effet, son grand rêve. « Tout s'use ici : je n'ai déjà
plus de gloire. Cette petite Europe n'en fournit pas
assez. Il faut aller en Orient ; toutes les grandes
gloires viennent de là » 3), disait-il en 1797 à l'un de
ses confidents. Tant que Bonaparte se contenta de
réaliser les projets monarchiques du xviiie siècle il fut
soutenu, aidé, poussé même à cette entreprise par
Talleyrand, héritier des Choiseul et des Lauzun. Mais
bientôt son esprit aventureux dépassa de beaucoup
les rêves du Français le plus ambitieux ; Talleyrand
essaya alors d'arrêter ses élans démesurés, il intrigua
et alla même jusqu'à trahir son maître dans l'espoir
de mettre une limite à cette course folle et dès lors,
Napoléon, abandonné par tous, même par sa famille,
isolé au milieu de ses ennemis, voit pâlir son étoile et
sombrer sa gloire. C'est là, sans doute, toute son
histoire.

Pour le moment, Bonaparte poursuit avec ardeur
ses projets en Orient. Il essaie d'abord de se réserver,

(1) Voir Ed Driault, *Politique orientale de Napoléon*.
(2) Voir E. Bourgeois, *Politique étrangère*, tome II, chap. VII.
(3) Henri Martin, *Histoire de France*, tome III, p. 6.

grâce au concours des Turcs, une place privilégiée
dans leur Empïre et d'en éloigner l'Autriche, le premier obstacle à son entreprise. Mais le Sultan se montre excessivement hostile à tout ce qui émane de la
Révolution française et rejette ses offres. Von Knobelsdorf, ministre de Prusse à Constantinople, écrit à
son roi le 10 février 1798 : « Il (Carra St-Cyr, l'envoyé
français à Constantinople) m'a raconté que l'année
passée, lorsque le général Buonaparte faisait de si
grands progrès contre l'empereur (d'Autriche), il avait
conçu le projet, adopté par le comité central de Léo-
pol, que les émigrés polonais qui se trouvaient en Moldavie, entreraient en Galliczie, en même temps que
Pasvan Oglou en Transylvanie... mais que la Porte a
rejeté ce projet » (1). Ce Pasvan Oglou, dont il est
question dans cette lettre, eut alors son heure de
gloire : c'était un jeune Aga, devenu chef d'une bande
révoltée contre le Sultan, qui s'était emparé par un
coup d'audace de la forteresse de Widdin, en avait
chassé le pacha, y avait fixé sa résidence, en avait fait
le repaire de ses brigandages. C'est de cet homme-là
que va se servir Bonaparte pour l'exécution de son
plan : on ne peut pas compter sur les Turcs pour lutter
contre les désirs de conquête de la Russie et de l'Autriche ; on sera donc forcé de recourir aux plans de
partage de Catherine et de Joseph II, mais, afin de
réduire autant que possible les parts d'héritage des
deux empires orientaux, on fera intervenir un nouveau
personnage dans cette liquidation de l'Empîre ottoman,
ce sera Pasvan Oglou. En 1798, le citoyen Flûry,
consul de la République française pour les provinces
turques situées au-delà du Danube, à savoir la Molda-

(1) N. Iorga, *Acte și fragmente*, II, p. 359.

vie et la Valachie, mande de Constantinople où il vient
d'arriver, que Pasvan Oglou fait marcher un corps de
5,000 hommes sur la ville de Géorgéo en Valachie :
« Cet homme, dit-il, mérite peut-être quelque attention
de la part du Directoire exécutif... S'il est dans les
destinées de l'Empire de cesser d'exister en Europe,
il serait à désirer que Pasvan Oglou pût en acquérir
une position même considérable, puisqu'il en résulte-
rait une diminution des lots qui dans ce démembre-
ment échoiraient à la Russie et à l'Autriche » (1).

Le Directoire, ou Bonaparte, vit en effet l'avantage qu'on pourrait tirer en favorisant cet homme ; le
fait est que le 6 vendémiaire an VII, c'est-à-dire le
27 septembre de la même année 1798, on présenta au
Directoire un rapport pour l'envoi du général Carra
Saint-Cyr comme agent secret de la République auprès de Pasvan Oglou (2). D'un autre côté, Flûry, com-
missaire général en Valachie, et Parraut, sous-com-
missaire en Moldavie, reçurent l'ordre d'intriguer
auprès des deux princes, Constantin Hangerli et
Alexandre Kalimaky, afin de les gagner à la France.
Tous ces agissements joints à l'expédition de Bonaparte en Egypte, décident la Porte à déclarer le
4 septembre 1798 la guerre à la France. A l'intérieur
de son empire le Sultan est totalement impuissant :
Pasvan Oglou se promène et rançonne partout sans
éprouver la moindre résistance ; il arrive jusqu'aux
portes d'Adrianople et son maître, terrifié, se voit
obligé de lui promettre sa grâce et de l'élever à la di-
gnité de pacha à trois queues. Furieuse d'avoir été ré-
duite à cette extrémité, la Porte se venge comme elle
peut : elle destitue le prince Kalimaky et le remplace

(1) Eud. de Hurmuzaki, *Documente priviloare la istoria Românilor*,
Suppl. 1, vol. II, p. 192.
(2) Voir *Idem*, p. 195.

par Constantin Ypsilanti, ci-devant interprète de la
Porte, et nomme Alexandre Morouzzi à la place du
malheureux Hangerli, qu'on avait fait exécuter sous
prétexte qu'il avait pressuré le pays. En réalité, la
Valachie avait été dévastée par les bandes de Pasvan
Oglou de Widdin (1) et pressurée par Capitan Pacha
et ses armées, qu'on avait envoyé contre le rebelle.
D'autre part, dès le début de la guerre, le 10 octobre
1798, Gio Ferzich écrit de Constantinople au Ministère
des affaires étrangères à Paris : « ... Li due Consoli
di Moldavia e Valacchia sono stati qui transportati e
posti alle sette Torri cogl'altri prigioneri... » (2). Le
droit des gens ottoman est appliqué cette fois-ci contre la France et bien rigoureusement, car voici le bilan
qu'on rédige à Péra le 17 fructidor an X, c'est-à-dire
le 4 septembre 1802 :

		RÉCLAMATIONS	OBSERVATIONS
Valachie	Flûry, C**e gén.	300 piastres	Aux Sept Tours pendant deux mois, puis déporté à Synope, dans la mer Noire (actuellement à Paris).
Valachie	Dubois, chancelier	» »	Au Palais de France et de là à la maison d'arrêt à Péra, où il est mort.
Moldavie	Parraut, Sous-C**e	» »	Aux Sept Tours pendant deux mois, ensuite déporté à Amasra et à Synope (actuel. à Paris).
Moldavie	Ledoulx, chanc. prov.	» »	Sans traitement au palais de France, au bagne et à la maison d'arrêt à Péra (actuel. à Paris) (3).

(1) Voir la description de l'incendie de la ville de Craïova par Zilot
Românul, *Hronica*, p. 20 et suiv.
(2) Eud. de Hurmuzaki, *Documente...*, Suppl. I, vol. II, p. 196.
(3) *Idem*, p. 204.

Cette attitude tellement décidée et hostile de la Porte fut dictée par l'Angleterre et par la Russie, qui étaient devenues, grâce aux guerres de Bonaparte, ses amis et ses alliés. L'ambassadeur russe a une grande influence sur le Divan ottoman et la nomination d'Ypsilanti en Moldavie « est l'effet de la protection de l'Empereur (de Russie) à qui les Ypsilanti sont dévoués » (Lettre de Constantin Stamaty à Talleyrand, écrite d'Ancône le 31 germinal an VII-19 avril 1799) (1). Stamaty, l'auteur de cette lettre, est un Roumain aux gages du gouvernement républicain, qui s'était fait connaître des hommes du Directoire quelque temps auparavant, lorsqu'il habitait Paris, 118, rue des Pè. res, et qu'il avait écrit à Merlin, l'un des directeurs, une lettre assez détaillée et assez documentée sur les affaires de la Turquie et sur l'influence russe dans les Principautés danubiennes. Son document avait été lu et pris en considération et le Ministère des affaires étrangères avait même fait un rapport à ce sujet. « Ce mémoire est bon, disait le rapport, sauf quelques assertions ou peu justes ou exagérées. La Turquie doit être aujourd'hui regardée comme une province russe, si la Porte ne revient pas, et il faut le croire, de son égarement. La République sera donc forcée d'agir... » (2). La République agit en effet : pendant toute la campagne d'Egypte elle essaya de soulever tous les chrétiens de l'Empire ottoman, les Roumains, les Bulgares, les Serbes et même les Grecs.

Mais cette fois l'entreprise de Bonaparte échoua et la France fut forcée de signer la paix avec l'Angleterre et avec la Turquie. Toutefois la Porte se montra

(1) Eud. de Hurmuzaki, *Documente...*, Suppl. 1, vol. II, p. 203.
(2) *Idem*, p. 197.

très réservée vis-à-vis de la France. Celle-ci avait perdu à ses yeux tous les genres de prestiges, ceux de l'amitié et ceux de la force ; une autre puissance prend sa place à Constantinople, c'est la Russie. Le Tsar Alexandre trouve très beau et très lucratif le rôle de médiateur dans la politique européenne et pour le moment il essaie d'arranger les affaires de Turquie. Les motifs d'une entrée en matière résident toujours dans la situation misérable des Principautés roumaines. Le Sultan avait, en effet, remplacé en 1801 le prince Alexandre Morouzzi, qui régnait en Valachie depuis 1799, par un plus offrant, Michel Soutzo. Voici ce qu'écrit à son sujet le colonel Sébastiani, lors de son voyage en Orient : «... Le Prince Michel de Soutzo, qui la (la Valachie) gouverne aujourd'hui, est un homme sans talents, et puis, pour réparer une fortune dissipée dans les intrigues du divan, il l'écrase de contributions arbitraires et la réduit au désespoir » (1). Il était naturel que les choses se passassent ainsi, car ce prince vint au trône en 1801 pour la troisième fois : il avait été auparavant une fois voévode en Valachie, une autre fois voévode en Moldavie. Ce n'est d'ailleurs pas le seul qui se soit livré à ces jeux de licitation. Voici la liste des princes régnants des deux Principautés pour une période de 10 ans, de 1792 à 1802 ; on verra très bien le bas trafic que faisait la Porte des trônes de ces deux pays.

Moldavie	*Valachie*
Alexandre Morouzzi (1792-1793).	Michel Soutzo (1791-1793).
Michel Soutzo (1793-1795).	Alexandre Morouzzi (1793-1796).

(1) Voir Baron de Testa, *Recueil des traités de la Porte ottomane,* tome I.

Moldavie	*Valachie*
Alexandre Kalimaky (1795-1799).	Alexandre Ypsilanti (1796-1797).
Constantin Ypsilanti (1799-1801).	Constantin Hangerli (1797-1799).
Alexandre Soutzo (1801-1802).	Alexandre Morouzzi (1799-1801).
	Michel Soutzo (1801-1802).

Sans doute, l'empereur Alexandre a le bon droit de
son côté quand il intervient en 1802 et quand il obtient
du Sultan une note catégorique en faveur des Principautés. Mais le mobile de son intervention est autre :
il veut empêcher un revirement dans la politique ottomane, qui cherchait à échapper à la tutelle moscovite
et qui avait destitué pour ce but les princes Constantin
Ypsilanti et Alexandre Morouzzi, créatures de la
Russie. La note qu'Alexandre obtient de la Porte dit
qu' « en vertu des conditions du traité de paix entre la
Sublime Porte et la Russie, cette dernière puissance
ayant le droit d'intercession en faveur des sus-nom-
mées provinces (la Moldavie et la Valachie) ; à propos
de la note que nous a présentée, d'après les ordres de
sa Cour, notre ami, le très-noble envoyé de la Russie,
résidant à Constantinople, dans laquelle, afin de donner aux dites conditions une force, qui leur faciliterait
l'exécution, il demandait l'annexion de quelques
nouveaux articles ; à la suite de plusieurs négociations
amicales avec l'envoyé de la Russie sur ce qu'exigeait
cette question ; on a établi et on a décidé dans une
conférence, après une discussion longue et détaillée,
que les dispositions déjà existantes seront confirmées
et consolidées par l'annexion d'autres articles aux

anciens articles déjà exprimés par les deux sublimes firmans envoyés aux dites provinces... » (1)

En même temps que cette note officielle, la Sublime Porte envoie à chaque Principauté un firman (*Hati-Humaïum*), qui, après avoir énuméré et confirmé les dispositions des autres firmans antérieurs, ajoute de nouveaux points, garantissant l'autonomie des deux pays :

« Le salpêtre ne sera plus ramassé dans le pays par les Turcs envoyés là-bas, mais acheté et transporté moyennant récompense jusqu'aux ports du Danube.

« Les douanes de Galatz ou de Braïla seront perçues par le Hospodar avec ses hommes à lui et elles ne seront plus saisies par les percepteurs Turcs de Kilia.

« Les hautes fonctions des provinces roumaines seront confiées aux boyards les plus capables, sans chercher s'ils sont Grecs ou nationaux.

« Le tribut annuel envers la Porte ne sera pas plus élevé de 619 bourses pour la Valachie et de 135 bourses et 445 leï (2) pour la Moldavie.

« Les taxes et les redevances qui sont demandées à la confirmation des princes seront payées sur leurs revenus particuliers et non plus par des impôts sur les sujets.

« *Le règne des Hospodars est fixé à sept ans*. Ils ne peuvent être déposés avant ce terme que pour un délit manifeste. Immédiatement après qu'un tel tort aura été mis à leur compte, la Turquie devra avertir l'ambassadeur russe, qui, lui aussi, devra se convaincre que le délit a été commis, la culpabilité du prince

(1) C. Calmuski, *Relațiunile politice ale țerilor Române cu Rusia*, p. 114.
(2) La valeur d'un *leu* était de 0 fr. 37. Une bourse contenait 500 lei.

étant prouvée d'une façon indubitable, et alors seulement sa déposition sera permise... » (1)

La Russie a su se servir encore une fois à son avantage du mal dont souffraient les Pays roumains. En limitant et en réglementant les taxes et impôts que percevait la Turquie en Moldavie et en Valachie, en réduisant et en fixant le tribut annuel qui d'habitude croissait par des enchères et des surenchères et en stipulant surtout que le prince ne pourra plus chercher à se dédommager par des surtaxes sur la population, la Russie avait toutes les chances de s'attacher les Roumains par des sentiments d'amour et de gratitude. En demandant, d'autre part, pour les Grecs les mêmes droits que les Roumains, chose qui existait d'ailleurs en fait depuis longtemps, elle en fit des clients fidèles et dévoués corps et âme, elle les engagea à affluer en plus grand nombre dans les Principautés et quand éclatera vingt ans après la révolution grecque, ce seront les Pays roumains qui deviendront, sous les auspices de la Russie, le centre du mouvement hétériste.

Tous les avantages énumérés jusqu'ici ne sont que de simples espérances que la Russie veut se réserver le cas échéant. Mais à part cela, elle s'est fait accorder des avantages positifs : ils sont exposés dans le dernier alinéa qui se réfère au règne des voévodes et qui *introduit purement et simplement la co-suzeraineté russo-turque dans la politique des Principautés danubiennes*. En plaçant sur les trônes de Moldavie et de Valachie des princes dociles à la politique russe et qui devaient régner tranquillement pendant sept ans, le Tsar pouvait espérer changer bientôt son droit d'inter-

(1) C. Calmuski, *Relațiunile...*, p. 115.

vention en l'établissement de son autorité directe et
transformer ces deux pays en une province de son
empire. Aussi, fit-il nommer immédiatement aux
trônes roumains ses serviteurs fidèles, Constantin
Ypsilanti et Alexandre Morouzzi, les mêmes que le
Sultan avait destitués en 1801. Le gouvernement de
Saint-Pétersbourg pouvait désormais agir librement.

Alexandre croyait son rêve atteint...

*
* *

Il n'avait pas compté avec la France. En effet,
Bonaparte n'a pas renoncé à son rêve oriental et la
paix d'Amiens ne change rien à ses projets. La France
mène toujours la même politique anti-russe dans les
Balkans, mais sa situation est en 1803 plus difficile
qu'auparavant, vu l'ascendant que le gouvernement de
Saint-Pétersbourg a acquis dans les Principautés par
la nomination de princes russophiles en Moldavie et
en Valachie. Le 23 mai 1803, le général Brune, ambassadeur de France à Constantinople, écrit à Talleyrand,
ministre des affaires étrangères : « ... le Prince
Ipsilanti, protégé de la Russie, ne donne à la Porte
que des nouvelles défavorables à la République française, quoiqu'il me fasse écrire, ainsi qu'au ministre
Champigny (l'ambassadeur à Vienne) par un prétendu
comte de Belleval, son agent, qu'il nous est entièrement
dévoué... les Russes ont un tel ascendant en Moldavie
que leur domination y est presqu'aussi certaine que
leur protection... » (1) La situation de la Russie dans
les Principautés était alors unique : il n'y avait personne pour lui disputer cette place privilégiée, gagnée

(1) Eud. de Hurmuzaki, *Documente...*, Suppl. 1., vol. 11, p. 276.

par les hatti-schérifs de 1802 ; de plus, les populations
de ces deux pays nourrissaient à son égard des sentiments de dévouement et de reconnaissance. La Russie
se hâta donc de mener à bonne fin son entreprise de
conquête. Ce fut peut-être cette hâte qu'elle mit dans
l'accomplissement de son œuvre qui lui fit perdre les
atouts magnifiques qu'elle avait dans son jeu. Du fait
le Sultan commence à prendre ombrage des agissements de la cour du Tsar et déjà le 25 juin 1803, à
peine un mois après avoir écrit la première lettre, le
même ambassadeur écrit de nouveau : « ... La Porte
est dans les inquiétudes les plus vives... Elle craint
que les troupes russes ne s'avancent en Valachie, sous
prétexte de protéger cette province contre Passavan
Oglou... » (1). Ce rebelle, même après avoir été accepté
et reconnu par le Sultan, continuait ses déprédations
et ses incursions au nord du Danube, en Valachie. Le
motif est tout trouvé pour la Russie, qui engage ouver-
tement sa politique d'intervention : feignant de ne
s'intéresser qu'au bien-être des deux provinces roumaines, elle déclare ne pas pouvoir tolérer les vexa-
tions dont Pasvan Oglou accable la malheureuse
Valachie et au début de 1805 elle envoie ses armées en
Moldavie (2). C'est justement l'instant où la France
se trouve aux prises avec une nouvelle coalition anglo-
russo-prussienne, à laquelle viendra se joindre plus
tard l'Autriche ; la France lui tient tête et a même
l'avantage. La Turquie, qui est impuissante à réagir
contre l'emprise de la Russie, mais qui applaudit de
tout cœur à chaque contre-temps subi par l'empire des
Tsars, suit avec anxiété toutes les phases de cette

(1) Eud. de Humuzaki, *Documente...*, Suppl. I, vol. II, p. 279.
(2) Voir **A. D. Xénopol**, *Histoire des Roumains*, II, p. 266.

campagne de 1805 : les victoires successives de
Napoléon font pencher de plus en plus la balance des
sentiments turcs vers la France et finalement la nouvelle de la bataille d'Austerlitz jette complètement le
Sultan et son Divan dans les bras de l'Empereur des
Français. Et pourtant cette victoire éclatante ne met-
tait pas fin au conflit ; ce n'était que le prélude de la
lutte gigantesque qui allait s'engager entre Napoléon
et le reste du monde. La divergence de vues entre
l'Empereur et son ministre Talleyrand, que les projets
inouis de Napoléon devaient fatalement faire naître, se
manifesta au cours de cette guerre. Immédiatement
après Ulm, Talleyrand et son maître étaient d'accord
quand ils essayaient de se réconcilier avec l'Autriche.
Leur but était de la détacher des coalitions contre la
France et de la diriger vers une autre proie en Orient.
Pour cela, ils lui offrirent les Principautés roumaines,
la Bessarabie et les embouchures du Danube. L'Autriche — disaient-ils — pourrait opposer par cet arrangement une barrière infranchissable à l'envahissement
de la Russie et elle ferait en même temps reculer vers
l'Asie la Turquie, qui tôt ou tard se heurterait « à l'Angleterre, maîtresse des Indes. . Ce double déplace-
ment résoudrait le problème de la paix la plus durable
que la raison puisse permettre d'espérer » (Mémoire
de Talleyrand en 1805, avant Austerlitz) (1). Napoléon
entra dans ces vues le 20 octobre 1805, sans prévoir
que le lendemain sa flotte serait détruite à Trafalgar.
Il est bien certain que si, au lieu de subir la défaite
imposée par Nelson, la flotte française avait pu fran-
chir le détroit et faire voile vers le Levant, Napoléon
aurait accepté d'emblée la situation qu'il s'était créée

______

(1) Albert Vandal, *Napoléon et Alexandre*, p. 9.

en Europe et ne serait plus allé en Moravie. Mais
l'espoir d'atteindre l'Orient par la voie de mer étant
perdu à tout jamais, il lui faudra prendre la route du
continent ; c'est la raison pour laquelle Napoléon ne
signera la paix qu'à Presbourg, car cette paix lui don-
nera l'Istrie, la Dalmatie et Venise. Ceci est la meilleure preuve de la persistance de son rêve éternel.

Napoléon, vainqueur des deux Empereurs, ne veut
plus entendre parler d'un partage de l'Empire ottoman ; il prétend se réserver les dépouilles turques et
puisque la Russie reste, après Austerlitz, l'unique
obstacle à son ambition, il essaie de faire entrer dans
la lice la Turquie, la Pologne et même la Suède, afin
qu'elles puissent l'assister dans son duel avec le Tsar
Alexandre. Celui-ci, de son côté, agit en sens inverse :
il crée en Pologne le parti des Czartoriski tandis qu'en
Turquie le Reiss-Effendi ratifie le 30 décembre 1805,
sous la pression de l'ambassadeur d'Italinski, le traité
d'alliance avec la Russie Toutefois, toujours à cause
de la hâte des Russes, la Porte refusa d'accéder à deux
articles sècrets, à savoir : 1° une intervention encore
plus intime de la Russie dans les affaires de la Moldavie
et de la Valachie, même dans le régime intérieur tant
civil qu'ecclésiastique ; 2° la domination de la Russie
en Géorgie (1). Voyant qu'il ne réussit pas auprès du
Sultan, Alexandre se met à travailler directement les
Principautés roumaines. Le résultat fut que « les deux
Hospodars, Constantin Ypsilanti et Alexandre Mourouzzi,
sollicitèrent plus souvent les instructions de Pétersbourg que celles de Constantinople : ils purent donc
être considérés par la Porte comme des traîtres. » (2)

(1) Voir Zinkeisen, *Geschichte* .., VII, p. 314.
(2) Ed. **Driault**, *La politique orientale de Napoléon*, p. 45.

Ceci facilite d'autant la tâche de Sébastiani, qu'on envoie comme ambassadeur à Constantinople. A son départ de Paris on lui avait remis les instructions suivantes — des notes dictées par l'Empereur et griffonnées à la hâte le 20 juin 1806 :

« 1° Inspirer confiance et sécurité à la Porte ; la France ne veut que la fortifier.

« 2° Triple alliance de Moi, Porte et Perse contre la Russie.

« 3° Pas d'arrogance, de l'amitié. Tâcher que la Porte communique à l'ambassadeur les demandes de la Russie et de l'Angleterre.

« 4° Je ne soutiendrai nulle part des rebelles.

« 5° Que la liaison avec la Porte apparaisse nettement à la Russie, à l'Angleterre, à toute l'Europe.

« 6° Jeter de la défaveur sur la Russie, aucune intimité avec sa légation.

« 7° Fermer le Bosphore aux Russes, fermer tous les ports, rendre à la Porte son empire absolu sur la Moldavie et sur la Valachie.

« 8° Je ne veux pas partager l'Empire de Constantinople ; voulut-on m'en offrir les trois quarts, je n'en veux point. Je veux raffermir et consolider ce grand empire et m'en servir tel quel comme opposition à la Russie. » (1)

Le plan oriental de Napoléon, tel qu'il a évolué après 1805, apparaît clairement dans ces instructions données à Sébastiani : il veut garder à tout prix l'intégrité de la Turquie, afin de se la réserver entièrement ou de la faire entrer peut-être, de même que la Perse, dans un projet grandiose qu'il avait conçu sur l'Inde ; il n'a donc plus intérêt à soutenir des rebelles, tels

____

(1) **Ed. Driault**, *La politique orientale de Napoléon*, p. 59-60.

que Pasvan Oglou, tels que Kara-Georges, tels que les
patriotes grecs ; il doit, au contraire, détruire complètement la situation privilégiée faite à la Russie dans
les Principautés. Une lettre, écrite déjà en mai 1806,
contient des instructions plus précises relativement
aux affaires roumaines : « ... Des Grecs fidèles, tels que
les Soutzo, les Callimaki, les Ingherli et leurs amis
doivent être incessamment recommandés à la bienveil-
lance du Grand Seigneur. Des Grecs perfides et secrè-
tement séditieux, tels que les Morouzzi et les Ipsilanti,
doivent être un objet perpétuel de crainte, de défiance
et de sévérité pour la Porte... » (1). Grâce à l'attitude
énervante de la Russie, grâce surtout au prestige toujours croissant de Napoléon, la partie était à moitié
gagnée pour la France par la seule arrivée de Sébastiani à Constantinople. Il y débarquait le 9 août et le
24 août, avant même sa présentation officielle au Sultan, l'ambassadeur français accomplissait déjà une
partie de son programme en faisant renverser les
princes régnants des Pays roumains. Le lendemain,
25 août 1806, il écrivait de Péra à Talleyrand, aux affaires étrangères : « Monseigneur, Hier Sa Hautesse Sélim III a déposé les deux Princes de Moldavie et de
Valachie. Le Prince Morouzzi a été remplacé par le
Prince Callimaki, drogman de la Porte, et le
Prince Ipsilanti a été remplacé par le Prince Alexandre Soutzo..... Monsieur d'Italinsky jette feu et
flamme contre la Porte... » (2). Ce double changement
en Moldavie et en Valachie ne fut pourtant pas
chose excessivement facile. Le général Sébastiani
avait surtout à lutter contre les princes phanariotes,
Morouzzi et Ipsilanti qui, tout en étant aux gages de la

____

(1) Eud. de Hurmuzaki, *Documente* ..., Suppl. I, vol. II, p. 310.
(2) *Idem*, p. 348.

Russie, avaient une grande influence à Constantinople. « Ils jetaient l'or au Divan à pleines mains, ils préparaient la révolution dans tout l'Empire », écrivait-il dès son arrivée à Constantinople (1). Quand Sébastiani demanda pour la première fois la destitution des deux Hospodars, tous les membres du divan se récrièrent, disant qu'il fallait écarter cette prétention sans même la discuter « comme étant une violation manifeste du traité de Jassy... Mais le jeune ambassadeur ne se découragea point. Ce n'est plus au Divan qu'il s'adresse, c'est à Sélim lui-même. Il lui peint Ipsilanti et Morouzzi comme des traîtres qui conduisent la Turquie à une ruine infaillible, et il lui montre la France comme son appui naturel et son plus ferme allié. Il l'émeut, il le trouble et lui arrache un hatti-schériff qui destitue les deux princes vaïvodes et nomme à leur place Suzzo et Callimachi » (2). Ce geste de Sélim mit en fureur la Russie et l'Angleterre, qui sont toujours des alliées, des alliées plus fermes que jamais. Leurs ambassadeurs respectifs à Constantinople, d'Italinsky et Arbuthnot, fulminent et menacent; mais, comme réponse à ces cris de colère, le Sultan reçoit Sébastiani le 28 août officiellement, avec tout l'apparat protocolaire.

L'Angleterre est tout aussi désolée que la Russie, si ce n'est plus, de l'ascendant que prend la France en Russie. Elle est, en effet, plus que jamais en guerre avec Napoléon et un éventuel conflit russo-turc signifie pour elle la perte de tout appui sur le continent, car la Russie devra sauver d'abord ses propres intérêts. C'est pourquoi l'ambassadeur anglais essaie par tous les moyens de faire dévier la Porte de la politique franco-

(1) **Ed. Driault**, *La Politique...*, p. 34.
(2) **A. Lefebvre**, *Histoire des cabinets de l'Europe*, vol. III, p. 17.

phile et en même temps « M. Arbuthnot implores the Bristish government to support his representations. In effect, if he be not supported, that country (la Turquie) wil become totally devoted to France and in the present calamitous situation of affairs, may be made an instrument in her hands to occupy half the Russian forces on their own frontiers » (1).

D'Italynsky, soutenu par l'Angleterre, proteste d'une façon plus énergique encore, il menace d'occuper les Principautés et, tout en désirant éviter le conflit, il pose l'ultimatum le 1er octobre, afin d'impressionner les Turcs. La Porte ne sait que faire. Les demandes russes étaient formulées en cinq points, comme il suit :

« 1° Que les Hospodars des Principautés Danubiennes fussent rétablis au pouvoir.

« 2° Que tous les droits et privilèges qui avaient été accordés aux Principautés Danubiennes par diverses stipulations, soient confirmés et strictement observés.

« 3° Que la Porte maintienne le libre passage du détroit des Dardanelles pour les vaisseaux russes et renonce définitivement à son intention de les fermer.

« 4° Que le traité d'alliance, conclu en 1795 avec l'Angleterre, soit renouvelé.

« 5° Que la Porte réprime l'attitude agressive d'Ali Pacha dans la République des Sept Iles » (2).

(Voir aussi la lettre écrite de Saint-Pétersbourg, le 11 décembre 1806, par von Goltz à Frédéric Guillaume III (3).

Sélim III était placé entre l'enclume et le marteau : il n'osait pas repousser de front les propositions rus-

(1) Zinkeisen, *Geschichte...*, *VII*, p. 429, note 1.
(2) Dmitri de Boukharow, *La Russie et la Turquie*, p. 60.
(3) N. Iorga, *Acte și fragmente*, *II*, p. 416.

ses, mais il ne pouvait pas les accepter de peur de mé-
contenter Sébastiani. Il trouva bientôt un moyen : il
temporisa. Malgré l'intervention de l'ambassadeur
français il ne sut pas refuser tout à la Russie, mais il
ne consentit à l'ultimatum que sur un point, celui du
rétablissement des Hospodars dans les Principautés,
d'Alexadre Morouzzi en Moldavie, de Constantin Ipsilanti en Valachie. Cette nouvelle investiture porte la
date du 15/27 octobre, quinze jours donc après la remise de l'ultimatum. Le Tsar, qui attendait une réponse
depuis longtemps, crut que la Porte avait refusé toute
discussion et que décidément il n'y avait plus rien à
faire. Il donna donc le 16/28 octobre au général Michelson l'ordre d'entrer en Moldavie à la tête d'une armée de 80.000 hommes. Lorsque cette nouvelle fut
connue à Constantinople, le plus étonné fut certainement d'Italinsky. Il savait pertinemment que son gouvernement ne désirait pas la guerre et que la Russie,
au contraire, avait tout intérêt à avoir la tranquillité
dans les Principautés, afin de mener à bien son
entreprise. Aux demandes d'explications du Divan,
d'Italinsky invoqua d'abord des retards de courrier,
mais, lorsqu'il reçut la réponse qui confirmait l'envoi
des troupes et leur maintien en Moldo Valachie malgré
la réintégration des Princes, il allégua le prétexte que
la Russie devait secourir ces pays, toujours saccagés
par les bandes de Pasvan Oglou. Une autre version (1)
disait que le Tsar s'était trouvé insulté par le fait que
la Turquie avait repoussé les autres exigences de l'ultimatum. Voici, en tout cas, la note que la Russie
envoya à Constantinople le 4 novembre 1806 : Après
avoir parlé de la destitution des deux Hospodars

(1) Voir Boukharow.

malgré le hatti-schériff de 1802, on se plaint des « préparatifs (des Turcs) pour faire entrer des troupes en
Valachie et en Moldavie... Dans ces circonstances S.
M. Impériale a senti la nécessité de mettre ses propres
frontières à l'abri de toute insulte et de protéger les
peuples, dont elle a promis, du consentement de la
Porte, de conserver les privilèges... » (1).

En réalité, Alexandre espérait prendre par un coup
de force ces provinces, qu'il convoitait tant et qui autrement lui auraient coûté peut-être encore des années
de labeur. On a cru que cette faute du Tsar fut un
piège tendu par Napoléon. Ce serait quelque peu difficile à admettre. Ce fut plutôt Napoléon qui profita,
sans que les choses fussent arrangées à l'avance, d'une
erreur commise par son ennemi. Alexandre s'en aperçut au lendemain d'Iéna : ces 80.000 hommes qu'il
avait sur le Danube, lui auraient donné, réunis à
l'armée de Pologne, une supériorité incontestable sur
les Français. Il retira immédiatement deux divisions
de ce corps d'occupation, les dirigea sur le Narrew,
mais il était trop tard (2). La Prusse, sur laquelle il
comptait, était détruite. En même temps, afin de
profiter de cette victoire éclatante, Napoléon écrivait
au Sultan Sélim, le 11 novembre, pour le décider à
commencer la guerre. « Le destin m'a choisi pour
sauver l'Empire turc », lui dit il et le Sultan le crut (3).
Tout en protestant de son amitié pour l'Angleterre,
celui-ci déclara le 24 décembre 1806 la guerre à la
Russie.

*
* *

(1) N. Iorga, *Acte şi fragmente*, II, p. 413.
(2) A. Lefèvre, *Histoire...*, III, p. 21.
(3) E. Bourgeois, *Politique étrangère*, tome II, p. 284.

Cette nouvelle guerre sur le Danube faisait partie du programme oriental de Napoléon. Il avait essayé d'abord d' « obliger l'Europe et la Russie à lui ouvrir l'Orient. Devant leur résistance, il fait appel aux puissances orientales elles-mêmes » (1). En effet, la France, au début de 1807, dicte ses ordres à Constantinople, est alliée au prince des Abases dans le Caucase, est maîtresse en Pologne et reste en excellents termes avec le shah de Perse. Une lettre que l'Empereur fait écrire le 20 janvier 1807 et qu'il envoie à Sébastiani, contient presqu'en entier son projet sur l'Orient : les Russes n'ayant pas assez de troupes en Moldavie et en Valachie, pour passer le Danube, on les affaiblira encore en les forçant à entretenir une seconde armée en Crimée ; on engage donc l'ambassadeur français à décider la Porte à une attaque vigoureuse dans les Principautés qui, combinée à celles du Prince des Abases, du pacha d'Erzéroum et de la Perse, ferait éclater la guerre en même temps en Géorgie, en Crimée et en Bessarabie (2).

Le gouvernement britannique, dont le seul allié, capable de le soutenir en Europe, était la Russie, vit approcher le péril et fit l'impossible pour l'écarter. Le 25 janvier 1807, l'ambassadeur anglais, Arbuthnot, se rendait chez le Reiss-Effendi et, dans l'espoir de l'intimider, il lui déclarait avoir reçu l'ordre d'insister sur le renouvellement du traité d'alliance entre l'Angleterre et la Porte, et d'exiger le renvoi immédiat de l'ambassadeur français à Constantinople, la remise à l'Angleterre des châteaux des Dardanelles, des batteries de côte et de la flotte turque, la cession enfin de la Moldavie et de la Valachie à la Russie ; « wolle

(1) E. Bourgeois, *Politique étrangère*, II, p 284
(2) Voir Zinkeisen, *Geschichte...*, VII, p. 474.

man darauf nicht eingehen, so werde sich die Pforte der Rache beider Mächte aussetzen und über das Reich und ihre Völker die grössten Gefahren herauf beschwören » (1). L'Angleterre n'avait — semble-t-il — aucune idée de mettre ses menaces à exécution car; après le refus ottoman, après le coup de théâtre de la frégate anglaise « Endimion », Mr Arbuthnot renouvelait un mois plus tard les mêmes propositions, sans plus de succès d'ailleurs. On trouve dans une lettre écrite de Constantinople le 28 février 1807 : « ... le ministre anglais s'embarqua sur un esquif et eut l'impudeur de demander à parlementer...

... Voici ces propositions :

1º Les châteaux des Dardanelles seront remis au pouvoir des Anglais ;

2º Quinze vaisseaux de guerre, chargés de munitions navales, seront conduits à Malte ;

3º La Porte déclarera la guerre à la France et renverra son ambassadeur ;

4º La Moldavie et la Valachie resteront à la Russie ; la place d'Ismaïl et les autres places du Danube, seront mises au pouvoir de cette puissance.

De pareilles propositions ne méritent aucune réponse... » (2).

Le Sultan, encouragé par cet échec complet de l'Angleterre, engage décidément la lutte avec les Russes. Les troupes envoyées du Danube ont l'avantage sur les armées du Tsar, comme nous l'attestent les lettres écrites de Roustchouk par Lamare, le 16 février 1807, et par Gustave Coigny, le 1er mars, de Widdin par Mériage, le 15 mars, de Giurgéwo par un inconnu, le 1er mars, et qui toutes relatent les succès

(1) Zinkeisen, *Geschichte...*, VII, p. 426.
(2) Eud. de Hurmuzaki, *Documente...*, suppl. 1, vol. II, p. 392.

de l'armée turque en Valachie (1). Napoléon profitera
certainement de ces victoires ottomanes, qui para-
lysent les forces du Tsar, pour donner à celui-ci le
coup de grâce après la bataille d'Eylau, d'autant plus
que le 10 mars 1807, Sébastiani écrit de Péra à Talleyrand : « Monseigneur..., le sultan Sélim verra avec
plaisir le passage de 25.000 Français pour se rendre à
Widdin et de là directement sur le Dniester... » (2). En
effet, les Russes avaient recommencé, en même temps
que la guerre, leur campagne contre l'infidèle, en y ral-
liant tous les chrétiens de la péninsule des Balkans.
Mériage écrit de Widdin, le 22 mars 1807, une lettre
adressée toujours à Talleyrand. « Monseigneur, dit-il,
je m'empresse de vous rendre compte que les Serviens
font des préparatifs pour tâcher de forcer le passage
du Danube entre Widdin et Orsova, pour se joindre
aux Russes et aux Valaques ; immédiatement après
l'arrivée de trois officiers russes et un Boyard (roumain), venus de Bucarest et portant à Czerni Georges
huit mille ducats, on a massacré à Belgrade 600 Turcs
et le Pacha » (3). On voit dans cette même lettre à quoi
avait servi la réintégration des princes Morouzzi et
Ypsilanti sur les trônes des Principautés : *en attendant
que le gouvernement de la Russie s'installe dans les deux
pays, les troupes valaques sont incorporées dans l'armée
du Tsar et les nobles roumains deviennent les émissaires
du cabinet de St-Pétersbourg.*

La seule chose que puisse faire le sultan pour conjurer le danger et pour enrayer le mal c'est de procé-
der encore à des remaniements à Jassy et à Bucarest.
Le 22 mars 1807, Sébastiani mande de Constantinople

---

(1) Voir Eud. de Hurmuzaki, *Documente...*, suppl. 1, vol. II, p. 392.
(2) *Idem*, p. 399.
(3) *Idem*, p. 405.

au Ministère des Affaires étrangères à Paris : « Hand-
cherli (Hangerli), le drogman de la Porte a été nommé
prince de Moldavie et il est regardé en Turquie comme
Français... J'eusse désiré que le prince Callimaki eût
pu obtenir la réintégration, mais son rival étant dans
les affaires... il m'aurait été difficile de le faire écarter... » (1). L'occupation russe avait pourtant mainte-
nu le prince Constantin Ypsilanti sur le trône de Valachie.

Et pendant que le sultan, par ces agissements, secoue
complètement le joug anglo-russe, Napoléon tient son
courage en haleine, en lui écrivant le 3 avril 1807 d'Os-
térode, à 80 lieues en avant de Varsovie. « Ici on m'a
proposé la paix, lui dit-il dans cette lettre. On m'ac-
cordait tous les avantages que je pouvais désirer,
mais on voulait que je ratifiasse l'état de choses établi
entre la Porte et la Russie par le traité de Sistow, et je
m'y suis refusé. J'ai répondu qu'il fallait qu'une indépendance absolue fut assurée à la Porte et que tous les
traités qui lui avaient été arrachés pendant que la
France sommeillait, fussent révoqués... » (2).

Le but de Napoléon était d'engager à fond la Turquie contre la Russie ; le Tsar Alexandre, en guerre
avec l'Empire ottoman, menacé d'un autre côté par la
Perse, avec laquelle la France entamait déjà les négociations d'une prochaine alliance, ne saurait résister
aux coups portés par l'Empereur français. Il ne faut
pourtant pas oublier que Napoléon cernait les Russes,
pour vaincre l'Angleterre, qu'il s'attaquait à celle-ci
pour conquérir l'Orient. Toute sa politique conver-
geait vers ce point unique. On devra donc envisager
la possibilité d'un éventuel changement dans sa poli-

(1) Eud. de Hurmuzaki, *Documente...*, suppl. 1, vol. II, p. 406.
(2) *Idem*, p. 412.

tique orientale dès que de nouveaux évènements lui feront entrevoir une autre solution du problème. Le Tsar Alexandre devina peut-être le rêve de Napoléon ; il sut en tout cas s'en servir à merveille : quoiqu'écrasé à Friedland il en sortit néanmoins victorieux. Il est certain qu'en venant à Tilsitt au devant de Napoléon avec ces mots : « Je serai votre second contre l'Angleterre » celui-ci serait forcé de lui répondre, en prenant pour prétexte la déposition de Sélim III : « C'est un décret de la Providence qui me dit que l'Empire turc ne peut plus exister ». Ceci ne veut dire ni que le premier abandonnait l'Angleterre, ni que le dernier renonçait à tous ses droits acquis à Constantinople. C'est seulement l'entrée en matière pour trouver un terrain d'entente (1). Cette entente, toutefois, est très précaire : la lutte entre les deux anciens ennemis ne cesse pas, et le duel continue sous la forme d'une conversation diplomatique. La paix qu'on signe à Tilsitt, mérite le nom de « *treacherous peace* » que lui donnait dans son désappointement l'agent anglais Wilson (2), mais ce nom s'applique plutôt au fait que, dans leurs protestations d'amitié, Napoléon et Alexandre se trahissaient mutuellement. Dans les premiers jours de juillet on convint pourtant que le plan de partage de l'Empire turc ne serait pris en considération que dans le cas où les négociations de paix que la Russie allait ouvrir incessamment avec la Turquie, sous la médiation de la France, n'aboutiraient pas. Alexandre croyait que cette médiation de la France signifiait une pression exercée par Napoléon sur le Sultan, pour lui faire accorder à la Russie la Bessarabie et les Principautés roumaines, et cet arran-

(1) Voir M. Emile Bourgeois *à son cours*.
(2) Voir A. Rambaud, *Histoire de la Russie*, p. 549.

gement lui convenait mieux. Les propositions de
partage stipulaient, en effet, pour la Russie outre la
Bessarabie, la Moldavie, la Valachie, la Bulgarie
jusqu'aux Balkans (1) ; mais comme les parts de la
France et de l'Autriche étaient tout aussi belles et
comme la question de Constantinople et des détroits
restait toujours en suspens, Alexandre devait naturellement préférer que l'on réservât en entier la question de la Turquie proprement dite et que la Russie
pût s'approprier les Pays roumains sans compensation aucune. Mais Napoléon ne l'entendait pas ainsi.
Il n'avait nullement l'intention de donner la Moldo-Valachie à la Russie ; il eut toutefois à subir les conséquences de ce semblant d'arrangement. Les Turcs
vont perdre cette confiance aveugle qui, six mois auparavant, les faisait résister avec succès à la pression
des Anglais, ils se verront trahis et abandonnés et les
ennemis de Napoléon commenceront donc à exercer
de nouveau leur influence à Constantinople. Sébastiani
écrit de Péra, le 9 août 1807, à Talleyrand : « ... Le
Grand Vizir écrit du camp (au Danube, près Silistrie) :
« L'Empereur des Français vient de conclure la paix et
de retourner à Paris. Dans le traité qui a été signé (à
Tilsitt) il n'est pas question de la Turquie, et il nous
livre à la Russie. Deux officiers de l'armée de Michelson viennent de me donner ces nouvelles. Vous voyez
jusqu'à quel point vous avez été imprudents, en plaçant toute votre confiance dans la France et en prenant
l'engagement de ne traiter que de son consentement
avec la Russie et l'Angleterre... « (2) Et pourtant le
Grand Vizir ne se doute pas, lorsqu'il écrit ces
lignes, des conversations secrètes entre le Tsar et Na-

(1) Voir A. Thiers, *Consulat et Empire*, VII, p. 649.
(2) Eud. de Hurmuzaki, *Documente...* suppl. I, vol. II, p. 446.

poléon à propos d'un éventuel partage de l'Empire ottoman ; les mots « il nous livre à la merci des Russes »
se rapportent, en effet, aux propositions de paix que
fait Napoléon à la Turquie, en sa qualité de médiateur.
Le Sultan se soumet toutefois aux exigences de l'Empereur français et, sur l'invitation de l'adjudant-com-
mandant Guilleminot, que Napoléon avait envoyé sur
le Danube immédiatement après Tilsitt, on signe le
24 août 1807 l'amnistie de Slobozia, près de Giurgévo ;
l'envoyé français appose sa signature sur l'acte à côté
de celles des représentants turc et russe, Galib-Effendi
et Sergio Lascarow. L'attitude prise par Guilleminot
pendant les pourparlers et lors de la rédaction de
l'armistice montre clairement que la France régnait
encore à Constantinople, que Napoléon exerçait toujours son autorité sur le Sultan. Son intervention eut
pourtant un caractère tellement hostile aux Turcs,
qu'il s'aliéna pour toujours leur confiance. L'article 3
du traité stipule en effet : « Les Russes retireront
les troupes de Moldavie et de Valachie dans les
39 jours en laissant les effets et munitions qui s'y trouvaient avant l'occupation ; les troupes ottomanes en
sortiront dans les *35 jours* en ne laissant dans les forteresses d'Ismaïl, Braïlow et Giurgévo que des garni-
sons suffisantes pour les garder... « (1) Déjà ici la différence entre les 39 jours qu'on alloue aux Russes pour
quitter le pays et les 35 jours dans lesquelles on oblige
les Turcs d'évacuer leurs positions, constitue un avantage visible pour les Russes. Si on rapproche de cet
article l'article 22 du même traité on aperçoit encore
mieux le but que poursuivaient les Russes et qu'agréait
Napoléon. En effet, il était certain qu'après la cessation
des hostilités les Principautés roumaines devraient

(1) Eud. de Hurmuzaki, *Documente...*, Suppl. 1, vol. II, p. 451.

rentrer sous la domination ottomane ; or, cet article 22 disait que, même après le retrait des troupes russes les armées de Sa Hautesse ne pourront occuper les provinces moldo-valaques « jusqu'à l'échange des ratifications du futur traité de paix définitive entre la Russie et la Porte ottomane » (1). *On comprendra immédiatement pourquoi la Russie avait mis cette clause dans le traité d'armistice : les ratifications ne vinrent jamais de Saint-Pétersbourg.*

Pour agir ainsi, le Tsar devait s'assurer d'abord le concours de Napoléon ; immédiatement après Tilsitt la Russie mena une campagne en vue de ce but et « le comte Romanzov, dans ses notes, dans ses conversations, répétait sous toutes les formes que la prise de possession des provinces danubiennes était une condition de la popularité de l'alliance française en Russie » (2). D'un autre côté le général Comte Pierre Tolstoï, lorsqu'il partait pour Paris comme ambassadeur de Russie, recevait des instructions formelles en ce qui concernait la Moldavie et la Valachie. «... Il n'échappera pas à la vive pénétration de l'Empereur Napoléon, disait Alexandre, que son propre intérêt devient aujourd'hui très grand que je sois dégagé le plus tôt possible de la guerre qui retient vis-à-vis des Turcs une partie si considérable des forces dont je puis disposer... la manière la plus prompte de terminer cette guerre serait que, par la voie de sa médiation, jointe à la crainte qu'ont les Turcs de mes armes, j'obtinsse la possession de la Valachie et de la Moldavie » (3). Le Tsar craignit toutefois d'effrayer Napoléon par ces prétentions exagérées ; il ajouta donc dans ces instruc-

(1) Ed. Driault, *Politique orientale de Napoléon*, p. 207.
(2) Gaston Créhange, *Histoire de la Russie*, p. 25.
(3) Serge Tatistcheff, *Alexandre I et Nap.*, p. 247.

tions qu'il se contenterait le cas échéant de 1° la Bessarabie avec les forteresses Bender, Akkerman, Cilia, Ismaïl, 2° de Khotine et, dans ce cas, il demandait que la Turquie confirmât les anciens privilèges de la Moldavie et de la Valachie (1). Par ce dernier arrangement, Alexandre gardait toujours ses vues sur les Principautés roumaines, seulement sa demande était moins choquante : *il exigeait la Bessarabie, c'est-à-dire les deux sandjaks turcs du Budjéak avec leurs forteresses prises par les Russes dès le début de la guerre, et en plus la ville de Khotine, sur le Dniester, au nord de la Moldavie, devenue une citadelle turque en 1712,* d'après les dires de D. Cantémir dans sa *Descriptio Moldaviae,* et que les Russes avaient conquise par surprise le 1er décembre 1806, avant même la déclaration de la guerre ; cette ville pourrait servir au Tsar pour contrôler les agissements des Turcs dans les Pays roumains, où il voulait voir revivre les anciens privilèges, cette même ville pourrait lui être utile surtout dans ses tentatives pour incorporer la Moldavie et la Valachie à son empire. Napoléon sentit bientôt que les demandes russes étaient la condition *sine qua non* de la continuation de l'alliance et que *la cession des provinces roumaines devenait une sorte de rémunération qu'il devait au Tsar, après que celui-ci eût déclaré la guerre à l'Angleterre* (Voir le rapport de Savary du 18 novembre 1807) (2). Il donna alors carte blanche à la Russie et se réserva pour lui-même des compensations en Silésie. Si Napoléon abandonnait ainsi la Turquie, il ne le faisait qu'à la condition de voir la Prusse abandonnée par Alexandre. La Russie eut donc à choisir entre son propre intérêt et celui de la Prusse ;

(1) Voir Serge Tatistcheff, *Alexandre I et Napoléon,* p. 218.
(2) Albert Vandal, *Napoléon et Alexandre,* p. 170.

elle résolut naturellement le problème dans le sens
égoïste, et sacrifia son alliée de la veille. Tant que le
Tsar eut des doutes sur l'attitude à prendre par
Napoléon, il employa vis-à-vis des Turcs la tactique
de temporisation. Les évènements vinrent, eux aussi,
en aide à cette tactique russe. Le 28 août 1807,
Senfft de Pilsach écrivait de Bucarest au roi de Prusse : « Le consul russe Fatali arriva ici avant-hier de
Slobozia avec l'armistice... pour en obtenir la ratifica-
tion du général Michelson. Mais celui-ci, privé de
connaissance (il était gravement malade)..., n'a pu
remplir cette forme... » (1) Trois jours plus tard,
le 31 août, à deux heures de l'après-midi, mou-
rait Michelson. « Le lendemain Lascarow com-
communiquait à Galib Effendi les nouvelles : l'évacuation a été retardée de quelques jours par la mort de
Michelson ; il a fallu attendre les ordres de son successeur, le Baron de Meyendorf » (2). Quelque temps
après, les Russes firent semblant de se retirer ; mais
les troupes reçurent aussitôt l'ordre de suspendre ce
mouvement d'évacuation, en prétextant que les Turcs
avaient commencé le pillage immédiatement après le
départ des Russes et qu'« il est impossible d'abandonner les Valaques à la merci de ces brigands » (3).
Alexandre changea alors d'attitude. Il voyait approcher le moment où Napoléon serait obligé d'admettre
formellement l'action russe dans les Principautés ; il
est même curieux de noter les dates des divers évènements en Moldo-Valachie, et de les rapprocher de la
date où le Tsar déclare la guerre aux Anglais : Déjà en
septembre les Russes se mêlent de l'administration

(1) N. Iorga, *Acte si fragmente...*, II, p. 426.
(2) Ed. Driault, *Politique orientale...*, p. 231.
(3) *Idem*, p. 232.

intérieure des Pays roumains, comme s'ils devaient en demeurer les maîtres, et le 6 octobre Sébastiani constate lui-même, d'après des renseignements français venus du Danube, que les Russes envoient de nouvelles troupes en Moldavie. Le 21 octobre le gouvernement russe déclare enfin à la Porte qu'il n'accepte pas l'armistice et le 18 novembre, neuf jours après la déclaration de la guerre anglo-russe, le Tsar demande officiellement à Napoléon le droit de conserver les Principautés (1).

A mesure qu'il voyait les Russes prendre pied en Moldavie et en Valachie, Napoléon faisait valoir d'une manière de plus en plus pressante ses prétentions sur la Silésie ; l'occupation de cette province par la France serait, disait-il dans les instructions données à Caulaincourt, son ambassadeur à Saint-Pétersbourg, la condition par laquelle il admettrait l'installation des Russes dans les Principautés roumaines, malgré l'article 23 du traité de Tilsitt. Mais Alexandre répondit que du moment que Napoléon gardait dans les mêmes conditions l'Etrurie, le Portugal et le Hanovre, il ne pouvait plus être question de compensations en Silésie. Il invoquait encore un autre motif pour se soustraire au dilemme que lui imposait Napoléon ; on trouve ce motif exposé dans la lettre que von Schladen écrit de Pétersbourg au roi de Prusse le 20 mai 1808 : « ... De Vienne on mande que la France avait formellement déclaré à l'empereur de Russie que l'évacuation de la Prusse dépendrait de celle de la Moldavie, mais que ce souverain lui avait répondu qu'étant en guerre avec les Turcs, cette occupation était une mesure défensive, tandis que celle de la Prusse, après une paix formelle-

(1) Voir Ed. Driault, *Politique orientale...*, p. 232.

ment conclue, portait un caractère hostile... » (1).
Napoléon préférait garder la Silésie au lieu de prendre
la Bosnie et l'Albanie, que le Tsar lui avait offertes à
Tilsitt, parce que ceci entraînerait infailliblement la
dissolution de la Turquie ; or, il voulait remettre le
partage de l'Empire ottoman, « jusqu'au moment où
l'Angleterre serait hors d'état de s'arroger la plus riche
part, l'Egypte et les îles de l'Archipel » (2). Les conversations traînaient en longueur à Paris et à Saint-
Pétersbourg ; Napoléon vit qu'il serait obligé d'accorder à la Russie des avantages définitifs aux dépens de
la Turquie et « peu à peu germait en lui la pensée de
greffer l'expédition aux Indes sur le partage de l'Empire ottoman » (3). L'Empereur français voulut alors
mettre immédiatement son plan à exécution et il com-
muniqua au Tsar ses projets sur l'Inde : « ... Il faut
être plus grands malgré nous », lui dit-il. (*Lettre de
Napoléon à Alexandre*, datée de Paris, le 2 février 1808)
(4). Il lui proposait en même temps un partage de l'Europe : « ... ich überlasse Ihnen die Türkei, Schweden
und den ganzen Orient; richten Sie sich damit ein,
wie Sie wollen; en ce qui me concerne je me charge de
l'Occident ». (*Mémoires inédits* de l'Amiral Tchichagoff.
Berlin 1855, p. 20. Lettre vue par lui-même, dont l'hon-
nêteté ne peut pas être mise en doute) (5). Déjà le
18 janvier 1808, dans une lettre qu'il écrit à Stadion,
ministre des Affaires étrangères à Vienne, le Prince
de Metternich, ambassadeur d'Autriche à Paris, était
au courant des projets de Napoléon ; il l'était grâce

---

(1) **N. Iorga**, *Acte și fragmente...*, II, p. 439.
(2) Serge Tatistcheff, *Alexandre et Nap.*, p. 254.
(3) Albert Vandal, *Napoléon et Alexandre*, p. 226.
(4) Serge Tatistcheff, *Alexandre et Napoléon*, p.307.
(5) Zinkeisen, *Geschichte des osm. Reiches*, VII, p. 581.

à Talleyrand. « M. de Talleyrand me dit avant-hier...:
L'Empereur nourrit deux projets : l'un est fondé sur
des bases réelles, l'autre est du roman. Le premier est
le partage de la Turquie, le second celui d'une expédition aux Indes orientales. Il faut que vous soyez des
deux... » (1). Le moment approchait, en effet, où le rôle
de prudence et de réserve, que garda toujours Talleyrand, allait entrer de nouveau en conflit avec les rêves
aventureux de Napoléon ; cette fois-ci Talleyrand
adopta délibérément sa politique personnelle, cette
politique qu'il poussera jusqu'à la trahison et qui
sera bientôt fatale à son maître. Le ministre français
était d'avis qu'un partage de l'Empire ottoman établi-
rait un équilibre stable en Europe : il n'admettait pas
toutefois un partage tel que le proposait Napoléon
dans sa lettre envoyée au Tsar. Afin de contrebalancer
la Russie, Talleyrand fit entrer aussi l'Autriche dans
son plan et dans la conversation qu'il eut avec Metternich, il spécifia même la part qui reviendrait aux
Habsbourgs. Dans le même rapport qu'il envoie à
Stadion, l'ambassadeur d'Autriche raconte sa conversation avec Talleyrand : *Mett.* : « Est-on convenu de
quelques bases de partage ? » *Tall.* : Non ; mais le
partage est entamé, parce que même la France ne
parviendra pas à faire évacuer la Valachie et la
Moldavie aux Russes... La Morée, les îles adjacentes
et l'Egypte nous conviennent : il vous faut le cours du
Danube, la Bosnie et la Bulgarie ; si les Russes ne
possédaient pas la Crimée, Constantinople devrait
vous appartenir : dans la position actuelle des choses,
ils ont plus de droit à l'obtenir » (2). Cette politique
saine de Talleyrand réunit des suffrages de plus en

(1) Metternich, *Mémoires*..., tome II, p. 144.
(2) *Idem*, p. 235.

plus nombreux et, en 1808, c'est déjà un parti. Le 24 septembre, Metternich écrit de Paris à Stadion : « Il existe en France deux partis, aussi opposés les uns aux autres que les intérêts de l'Europe le sont aux idées particulières de l'Empereur. A la tête de l'un se trouve l'Empereur et tous les militaires. .. (il exerce un) népotisme dont il n'y a peut-être pas d'exemple... (il donne des couronnes) à des frères ou parents sur lesquels il exerce infiniment moins d'influence (que sur les anciens rois)... *L'autre parti est composé de la grande masse de la nation* (ayant à sa tête) *M. de Talleyrand, le ministre de la police* (Fouché) *et tous ceux qui ont des fortunes à conserver...* » (1) Il ne faut pas oublier que cette lettre, qui nous montre la situation de Napoléon en France, a été écrite trois jours avant Erfurt ; on comprendra dès lors l'échec complet qu'il a subi à cette entrevue, où il espérait raffermir l'alliance avec le Tsar et où il se trouva complètement isolé au milieu de ses ennemis. Napoléon avait préparé cette entrevue longtemps à l'avance ; déjà en 1807 il avait donné des instructions à Caulaincourt pour ménager une entrevue des deux Empereurs dans le cas où la Russie réclamerait le partage de l'Empire turc à tout prix. Dans le traité qui fut rédigé à Erfurt par MM. de Champigny et de Romanzow, le 12 octobre au matin, les deux souverains parurent tomber d'accord : les deux Empires feront la paix avec l'Angleterre ; « La base des négociations devait être *l'uti possidetis ;*

« La France ne devait consentir qu'à une paix qui assurerait à la Russie la Finlande, la Moldavie et la Valachie ;

« La Russie ne devait consentir qu'à une paix qui assurerait à la France, indépendamment de tout ce

(1) Metternich, *Mémoires...*, tome II, p. 147-148.

qu'elle possédait, la couronne d'Espagne sur la tête du roi Joseph ;

« Immédiatement après la signature de la convention, la Russie pourrait commencer auprès de la Porte les démarches nécessaires pour obtenir, par la paix ou par la guerre, les deux provinces du Danube ; mais les plénipotentiaires (et c'était la transaction convenue sur le point principal) et agents des deux puissances s'entendraient sur le langage à tenir, afin de ne pas compromettre l'amitié existant entre la France et la Porte » (1). En effet, Napoléon demandait, par crainte de voir la Turquie se jeter dans les bras de l'Angleterre, que le traité restât secret « au moins pendant 10 ans » (2). *Il reconnaissait donc officiellement la prise des Pays roumains par la Russie*, chose qu'Alexandre lui demandait sans cesse depuis Tilsitt, dans le seul espoir de cimenter fortement l'amitié du Tsar. Il n'en fut rien : Talleyrand avait détruit en-dessous tout son ouvrage. Pendant que Napoléon s'évertuait à conquérir le Tsar par des fêtes, par des flatteries, par des menaces, Talleyrand, par l'intermédiaire de Caulaincourt, gagné lui aussi à sa cause, tenait à Alexandre le langage suivant : « Sire, que venez-vous faire ici ? C'est à vous de sauver l'Europe, et vous n'y parviendrez qu'en tenant tête à Napoléon. Le peuple français est civilisé. Son souverain ne l'est pas. Le souverain de Russie est civilisé et son peuple ne l'est pas. C'est donc au souverain de Russie d'être l'allié du peuple français » (3). Le malheur de Napoléon fut que Talleyrand disait vrai : le peuple français lui était hostile et cette hostilité intérieure, plus encore que l'inimitié générale du dehors, fut finalement la cause de sa perte.

(1) A. Thiers, *Consulat et Empire*, IX, p. 340.
(2) Serge Tatistcheff, *Alexandre et Nap.*, p. 451.
(3) E. Bourgeois, *Politique étrangère*, II, p. 399.

.*.

Ayant gagné la partie à Erfurt, Alexandre pouvait
agir plus librement sur le Danube. Depuis octobre
1807, depuis qu'il avait désavoué l'armistice, ses troupes en Moldavie et en Valachie gardaient une attitude
de passivité presque complète. Tant que Napoléon
réserva son assentiment sur la question des Principautés roumaines, le Tsar n'osa pas recommencer
franchement la guerre avec la Porte ; il avait pourtant
renforcé l'effectif de son armée en Moldo-Valachie et
l'avait porté à six divisions, c'est-à-dire à près de
100.000 hommes. (Voir une lettre écrite de Paris par
le Prince de Metternich à Stadion, le 1er juillet 1808) (1).
Mais, ne sachant pas toutefois si jusqu'à la fin il aurait
l'entier consentement de Napoléon, Alexandre avait
essayé de conquérir les Principautés directement,
sans l'aide de Napoléon ; en effet, on trouve une lettre
écrite le 31 août 1808 de Constantinople par Latour-
Maubourg au Ministère des Affaires étrangères à Paris, où il est relaté que les Russes ont fait au Grand
Vizir des propositions pour le reconnaître Sultan, en
échange de la Moldavie et de la Valachie et d'une al·
liance défensive et offensive entre l'Empire des tsars
et la Turquie (2). Cette proposition, qui aurait pu réussir à cause des troubles incessants de Constantinople
depuis la déposition de Sélim III, échoua probablement, car il n'en est plus question dans la suite. Toute
chance de réussir disparut d'ailleurs complètement
pour la Russie, à la fin de 1808, lorsqu'une nouvelle ré·
volution des Janissaires tua le Grand Vizir Baraïktar,

(1) Metternich, *Mémoires...*, tome II, p. 182.
(2) Eud. de Hurmuzaki, *Documente...*, Suppl. I., vol. II, p. 521.

celui qui avait soutenu les sultans Sélim et Mahmoud,
le même que la Russie avait essayé de corrompre.
Mahmoud, tranquille quant à son sort après la mort
de son rival Mustapha, n'eut pourtant aucune volonté ni
aucun pouvoir pour réorganiser son empire ; la Turquie lasse de ces longs troubles ne désirait que le re-
pos. C'est sur cet état d'esprit qu'avait compté Alexandre pour arracher à la Porte les provinces danubiennes. Mais à Constantinople on était au courant, ou à
peu près, de ce qui s'était passé à Erfurt, on savait que
Napoléon sacrifiait les Turcs, on voyait que l'Empire
ottoman devait disparaître dans ce partage de l'Europe entre les deux colosses et alors, par la force des
choses, arriva l'événement que craignait tant Napoléon après Erfurt ; les Turcs trahis, isolés, condamnés
à périr, se rapprochèrent de l'ennemi commun de la
France et de la Russie, ils se livrèrent à l'Angleterre.
Dans le même temps que le Divan ottoman renonçait
aux négociations à peine entamées avec la Russie, il
signait la paix avec le Gouvernement britannique
(6 janvier 1809). Napoléon voyant la menace de ce péril, avait essayé de déterminer la Turquie à céder les
Principautés à la Russie (Voir la lettre écrite de Paris,
le 2 novembre 1808, par le Ministère des Affaires étrangères à Latour-Maubourg, à Constantinople) (1). Il
était trop tard. Ce geste accentuait d'ailleurs encore
plus la trahison. Pendant ce temps les circonstances précipitèrent Napoléon vers l'issue fatale d'une
guerre avec l'Autriche. L'Empereur l'avait retardée
tant qu'il avait pu, parce que dans cette guerre il lui
aurait fallu faire appel aux Polonais et cela l'aurait
brouillé avec la Russie. Mais il y fut entraîné à cause de

(1) Eud. de Hurmuzaki, *Documente...*, Suppl. 1, vol. II, p. 525.

la trahison de Talleyrand et de Fouché qu'il découvrit enfin, à cause aussi de l'Autriche qui, voyant cesser toute amitié entre le Tsar et Napoléon et se réveiller la nationalité allemande, espérait reprendre son rang parmi les puissances. Ce fut pendant cette guerre que l'alliance si précaire d'Erfurt, cimentée avec tant de soins par Napoléon, vint à se dissoudre complètement : en effet, Alexandre, engagé par le traité, ne fait qu'une guerre illusoire à l'Autriche et son attitude « va porter une atteinte irrémédiable à l'alliance sans servir avec efficacité la cause européenne, indigner Napoléon sans sauver l'Autriche » (1). Alexandre, estimant que la conquête d'une province sans l'aide de personne valait mieux que le partage du monde avec Napoléon, avait recommencé au printemps de 1809 la guerre contre les Turcs. Mériage, en écrivant de Burghausen, le 30 avril 1809, en donne la nouvelle à Champigny (2). La campagne russe sur le Danube ne fut pas trop brillante pourtant. L'armée turque avait eu le temps de se réorganiser et bientôt les troupes du Tsar subirent même des défaites : les régiments qui avaient passé le Danube en Bulgarie, se virent forcés de se replier et de repasser le fleuve. En automne 1809, les Russes furent obligés de lever le siège de Silistrie ; à la nouvelle de ces revers, Napoléon, qui tenait toujours à l'amitié du Tsar, prononça le 3 décembre 1809, à l'occasion du discours d'ouverture du Corps législatif, ces paroles significatives : « Mon allié et ami, l'Empereur de Russie, a réuni à son vaste empire la Finlande, la Moldavie, la Valachie et un district de la Galicie. Je ne suis jaloux de rien de ce qui peut arriver de bien à cet empire, mes sentiments pour son illustre souverain

(1) Albert Vandal, *Napoléon et Alexandre*, p. 74.
(2) Eud. de Hurmuzaki, *Documente...*, Suppl. I, vol. II, p. 546.

sont d'accord avec ma politique » (1). Le mot de Galicie dans la phrase de Napoléon se rapporte à la partie
de cette province qu'il avait donnée à la Russie lors de
la conclusion de la paix avec l'Autriche. Alexandre
était pourtant très mécontent de ce cadeau car, s'il recevait une population de 500.000 âmes, le Grand duché
de Varsovie prenait la plus grande partie de la Galicie,
c'est-à-dire 1.500.000 âmes. Il fit alors signer (4 janvier 1810) à Caulaincourt et à Romanzow une convention relative à la Pologne, dans laquelle l'article 1er
stipulait : « Le royaume de Pologne ne sera jamais réta-
bli. » Napoléon désavoua immédiatement son ministre.
« Jamais je n'accorderai, disait-il à Metternich, ce
que me demande le comte de Romanzow. Il faudrait
que je fusse Dieu pour décider que jamais une Pologne n'existera ! Je ne puis promettre que ce que je
peux tenir. Je ne ferai rien pour son rétablissement
(Rapport de Metternich à l'Empereur François, le 9
juillet 1810 (2). Le Tsar vit dans ceci le désir puissant
de Napoléon de tenir la Russie sous la menace perpé-
tuelle d'un royaume polonais. Ces agacements ajoutés
au froid jeté dans les deux cours impériales par le
refus que reçut Napoléon lors de sa demande en mariage de la Grande Duchesse Anne, firent éclater enfin
le conflit qui planait depuis longtemps entre Napoléon
et Alexandre. Napoléon répondit au Tsar en signant
au printemps de 1810 le contrat de mariage avec Marie-
Louise et la Russie ouvrit, avant la fin de la même
année, ses frontières au commerce anglais. L'alliance
était brisée.

Malgré tous ces signes évidents de rupture, Napoléon essaya jusqu'au dernier moment d'éviter un

(1) Albert Vandal. *Napoléon et Alexandre*. p, 190.
(2) Metternich, *Mémoires...,,* tome II, p. 363.

conflit armé avec la Russie ; après avoir épuisé tous les moyens, les promesses, la contrainte, la menace, il en vint à plaider sa cause devant le Tsar. Le 28 février 1811 il lui écrivait : « Je ne puis me dissimuler que Votre Majesté n'a plus d'amitié pour moi... Par le traité de Tilsitt, elle devait restituer la Moldavie et la Valachie ; cependant au lieu de les restituer, Votre Majesté les a réunies à son empire. La Valachie et la Moldavie font le tiers de la Turquie d'Europe... En Suède, tandis que je restituais les conquêtes que j'avais faites sur cette puissance, je consentais que Votre Majesté gardât la Finlande... Pour récompense, Votre Majesté exclut mon commerce depuis la Moldavie jusqu'à la Finlande... Votre Majesté abandonant l'alliance et brûlant la convention de Tilsitt, il serait évident que la guerre s'ensuivrait .. » (1). Cette lettre n'eut aucun effet ; Alexandre poursuivait son plan sans faiblir. La Turquie suivait son manège avec un intérêt évident ; elle croyait à juste titre que Napoléon viendrait bientôt l'aider dans la guerre avec les Russes en leur faisant lui-même la guerre ; elle ne voulut donc rien céder lorsque le général Koutousow lui proposa la paix. Le 25 avril 1811, von Werther, ministre de Prusse à Constantinople, écrivait à von Schladen, à Saint-Pétersbourg : «... la Porte se flatte de voir bientôt une nouvelle guerre continentale allumée et de profiter alors des évènements... » (2)

La Porte fut pourtant déçue dans ses espérances. Napoléon, qui espérait toujours faire revenir le Tsar à de meilleurs sentiments, ne bougea pas. La Russie vit pourtant approcher le moment où la guerre serait iné-

(1) Lefebvre, *Histoire des cabinets*, III, p. 94.
(2) N. Iorga, *Acte și fragmente*, II, p. 460.

vitable ; elle voulut finir à tout prix la campagne incommode en Orient et elle poursuivit avec ardeur les négociations de paix, officiellement en Moldavie et d'une manière occulte à Constantinople, où le corse Pozzo di Borgo, le plus ancien ennemi de Napoléon, s'efforça d'intéresser la diplomatie anglaise à la cause moscovite. Les agents russes sentent que la situation de leur gouvernement devient de plus en plus critique à cause des bruits de guerre avec la France ; les agents français s'en rendent compte eux aussi et Ledoulx ne cesse d'écrire dans ce sens de Bucarest à Otto de Mosloy, ambassadeur à Vienne (Voir lettres du 20 juin 1811, du 9 juillet, du 18 septembre, du 20 octobre, etc.) (1). Napoléon ne sait que faire, il n'ose pas prendre de décision. Le 14 septembre 1811, Maret écrit de Paris à Latour-Maubourg, à Constantinople : « Si le Divan était persuadé que la guerre aura lieu, et s'il faisait, d'après cette opinion, de nouveaux efforts pour la continuer lui-même avec la même vigueur, ne détruisez point ses dispositions et laissez-lui penser tout ce qui pourra donner plus d'énergie à ses opérations militaires... » (2) Cette attitude ambigüe de la France n'est guère rassurante pour le Divan d'autant plus que les troupes ottomanes sont repoussées en Valachie. En effet, Koutousow, commandant en chef de l'armée russe, après avoir trompé les Turcs par une fausse démonstration à Turnu, en Valachie, réussit à faire passer le Danube en secret au général Markhow à Pétrosani, près de Giurgévo, et celui-ci parvient à s'emparer avec 8.000 hommes du camp retranché du Grand Vizir Achmet qui lui même put à grand'peine s'échapper à Roustchouk (14 octobre 1811) (3). Immédiatement après, afin de pro-

(1) Voir Eud. de Hurmuzaki, *Documente...*, Suppl. I, vol. II.
(2) Albert Vandal, *Napoléon et Alex.* p. 238.
(3) N. Iorga, *Basarabia noastra*, p. 144.

fiter de cette victoire inattendue, Koutouzow entame avec le même Grand Vizir les préliminaires de Giurgévo. Il ne demandait plus les deux provinces roumaines, il se contentait de la Moldavie jusqu'au Séreth (1). Peu de temps après, von Werther écrivait de Constantinople au roi de Prusse que la Porte accepterait de céder le Pruth en Europe et le Phase en Asie (Voir la lettre du 25 novembre 1811) (2). Les Turcs avaient essayé jusqu'alors tous les moyens pour éviter cette cession ; s'imaginant que partout l'argent primerait les autres intérêts, ils voulurent corrompre le général Koutousow et s'adressèrent en vue de ce but à M. Hübsch, ambassadeur de Danemark, mais celui-ci s'en excusa auprès du Kihaya-Bey (19 novembre 1811) (3). Les Russes alors se montrent très conciliants et s'ils demandent, en outre de ce qu'offrent les Turcs, la Moldavie entre le Pruth et le Séreth c'est surtout *pour avoir les bouches du Danube* ; ceci se voit dans les conditions qu'ils spécifient ultérieurement d'une façon plus complète. Le consul Ledoulx écrit de Bucarest, le 5 décembre 1811, à Otto de Mosloy : «... la Russie rendant la Valachie et la Moldavie, conserve la Bessarabie et les forteresses d'Ismaïl, Ibraïl, etc .. Toute la conduite de la Russie prouve qu'elle se prépare à une guerre terrible du côté de la Pologne...» (4). Ce n'est en réalité qu'une simple opposition faite par l'agent français sur les intentions des Russes. Tout aussi peu fondée est l'assertion du représentant saxon Hübsch qui dit que les Turcs vont céder la Moldavie jusqu'au Séreth et qu'ils vont garder

(1) Voir le *discours* de V. A. Uréchia prononcé à la Chambre roumaine le 27 septembre 1878, p. 12.
(2) N. Iorga, *Acte și fragmente..* , II, p. 470.
(3) Voir A. D. Xénopol, *Etudes historiques* .., p. 232.
(4) Eud. de Hurmuzaki, *Documente...* Suppl. I, vol. II, p. 647.

le Bas-Danube. En effet, les négociations russo-turques
étaient tenues secrètes et les agents étrangers et les
boyards de Bucarest étaient désolés de ne pouvoir
rien apprendre ; les pourparlers avaient eu lieu, dès le
commencement de novembre, dans une vieille auberge
de Giurgévo entre d'Italinsky, Sabaniew et Joseph
Fonton, premier interprète de l'Ambassade russe à
Constantinople, — Antoine et Pierre Fonton étant les
drogmans et Bobrow le secrétaire — et les trois diplo-
mates turcs, le juge militaire Sélim, Hamid et Galib,
ayant comme drogmans les Grecs Dimitrako Morouzzi
et Apostolaki. Dès le début pas un mot de leur conversation ne transpira au dehors (1). Ledoulx fut mis très
tard au courant des demandes russes et c'est à peine
si le 1ᵉʳ février 1812 il peut écrire à Otto : « . . les Russes
paraissent très persuadés que la Moldavie leur restera,
car *on travaille déjà ici* (à Bucarest) à *des mémoires, à
des projets relatifs à Galatz, qu'on veut faire le rival
d'Odessa...*» (2). On aperçoit ici nettement les vues des
Russes sur le Bas-Danube et sur les bouches du fleuve.

C'est maintenant à peine que Napoléon ose prendre
une attitude décidée ! C'est maintenant que ne pouvant plus faire autrement il propose à la Porte une alliance contre la Russie (janvier 1812). Six mois auparavant on eût accepté cette proposition, mais au début
de 1812 toute action de l'Empire ottoman est paraly-
sée par les derniers désastres que les Russes lui
ont fait subir. Napoléon devient pressant ; il adresse
le 15 février des instructions à Latourg-Maubourg,
qu'il réitère en mars et en avril ; il « lui expédie
des pouvoirs, un projet de traité, des articles secrets.
Ce que l'Empereur attend des Turcs contre la Russie,

(1) N. Iorga, *Basarabia noastra...*, p. 145.
(2) Eud. Hurmuzaki, *Documente...*, suppl. 1, vol. II, p. 666.

c'est plus qu'une guerre ordinaire : c'est une guerre nationale et religieuse, une levée et une irruption en masse... il faut que l'étendard du Prophète soit déployé, que 100.000 hommes au moins soient, avant le 15 mai, jetés sur le Danube » (1).

Le comte Andréossi, ambassadeur à Vienne est nommé ensuite à la place de Latour-Maubourg et dans les instructions qu'on lui donne de Paris le 18 avril 1812 il est dit : « ... Il est probable qu'avant l'arrivée de M. l'Ambassadeur, un traité d'alliance aura été conclu entre la France et la Sublime Porte... » (2) Mais toutes ces avances de Napoléon arrivent trop tard et le traité avec la Turquie ne sera jamais conclu. Les Russes, craignant un retour de la Turquie vers la France, donnent le coup de grâce à la résistance ottomane; ils rompent l'armistice sans aucun avertissement préalable, traversent la Dobroudja en la dévastant et arrivent avec leurs troupes jusqu'à Rasgrad au cœur de la Bulgarie. Le Tsar Alexandre voyant que les négociations traînent en longueur à cause de l'indolence du vieux Koutousow, nomme à sa place l'amiral Tchitchagow, commandant en chef de l'armée du Danube, de la flotte de la mer Noire et gouverneur général des principautés de Moldavie et de Valachie, et lui donne l'ordre formel de conclure au plus vite la paix avec la Porte, en la menaçant au besoin de la reprise des hostilités, d'une action énergique dans la mer Noire et de la révolte générale « des Grecs et de tous les peuples qui gémissent sous le joug ottoman » (3). En apprenant que son maître l'avait fait remplacer, Koustousow s'empressa de hâter les négociations et le 2 mai, le

(1) Albert Vandal, *Napoléon et Alexandre*, p. 333.
(2) Eud. de Hurmuzaki, *Documente...* suppl. 1, vol. II, p. 683.
(3) Voir N. Iorga, *Basarabia noastra*, p. 152.

même jour où Tchitchagow quittait Saint-Pétersbourg, le général priait Galib Effendi de lui montrer les dernières conditions faites par la Porte et immédiatement après il expédiait au Tsar deux courriers à la fois avec la réponse turque. De sorte que, lorsque Tchitchagow arriva à Bucarest, les préliminaires de paix étaient déjà signés et envoyés au Tsar. Galib avait, de son côté, remis les propositions russes au Grand Vizir, qui les accepta immédiatement. On n'attendait plus que la réponse du Tsar. Lorsqu'elle arriva, la paix était déjà conclue en fait. L'acte fut signé à Bucarest le 28 mai par d'Italinsky, Sabaniew et Fonton d'une part, et Saïd Mehmed Galib Effendi, Ibrahim Ali Effendi et Abdoul Galib Effendi d'autre part. Les articles 1, 2 et 3 sont relatifs à l'amitié et à la bonne intelligence qui existent entre les deux Cours et à l'amnistie complète accordée des deux parts aux sujets.

L'article 4, le plus important, stipule que *le Pruth jusqu'à son embouchure dans la mer Noire (sic) sera désormais la frontière; la navigation sur le Danube est libre, mais les îles situées entre les divers bras qu'il forme depuis Ismaïl jusqu'à Kilia resteront désertes et n'appartiendront à aucune des parties contractantes.*

L'article 5 dit que le reste de la Moldavie et la Valachie seront restitués aux Turcs et, comme toujours, il prévoit que les habitants de ces deux pays ne paieront aucun impôt pendant deux ans et que 4 mois leur seront laissés pour émigrer librement (1).

La Russie gagnait donc au traité de Bucarest un lambeau de la Moldavie avec la forteresse de Khotin et tout le territoire entre le Dniester et le Pruth et, de plus, la Bessarabie avec Bender, Ismaïl et Kilia. Les

(1) Voir Dmitri de Boukharow, *La Russie et la Turquie.*

Turcs étaient bien contents d'avoir fini la guerre à si
bon compte. Fornetty, consul français à Jassy, écrivait à Otto le 30 mai 1812 et lui disait que cette paix
amènerait probablement une alliance anglo-russo-tur-
que (1). Ces bruits ne se réalisèrent pas : le Sultan était
fort mécontent de l'issue des négociations et, en attendant les ratifications du traité, il espérait encore que
peut-être dans l'intervalle quelqu'heureux évènement
pourrait changer la situation de la politique ottomane.
Mais les ratifications furent faites sans encombre le
10 août 1812. La colère du Sultan se porta alors sur les
signataires du traité et il les punit tous. Une lettre
écrite de Thérapia le 18 novembre 1812 nous relate
les faits : « Mon cher Général (inconnu), ... Les Grecs
et les Russes, car ces deux nations n'en font qu'une,
viennent d'éprouver un coup bien funeste par la perte
de Dimitrako Moruzzi, auquel le Grand Vizir a fait
couper la tête le 8 de ce mois, après l'avoir revêtu de
la pelisse d'honneur... Presque tous ceux qui, de loin
comme de près, ont concouru à l'œuvre inique du
traité de Bucarest, Panayotaki Moruzzi, Dimitrako,
son frère, Galib Effendi, le Caïmacan (2) et le Grand
Vizir, ont payé plus ou moins cher leur coupable con-
descendance pour les Russes et les Anglais... » (3). Le
rapport officiel du Comte Andréossi au Comte Bertrand,
Gouverneur général des provinces illyriennes, daté
de Péra le 3 décembre 1812, nous dit : « J'avais l'honneur d'annoncer à Votre Excellence la fin tragique de
Dimitrako Morouzzi, Drogman du Camp. Le 20 du mois
dernier Panayotaki, son frère, son substitut à la Porte,
le même qui avait été déposé le 7 août, a été décapité.

(1) Eud. de Hurmuzaki, *Documente...* Suppl. 1, vol. II, p. 693.
(2) C'est le lieutenant princier en cas de vacance. Il est probablement
question de celui de Valachie.
(3) Eud. de Hurmuzaki, *Documente...*, Suppl. 1, vol. II, p. 699.

Sa tête, placée sur son cadavre à la manière des infidèles, a été exposée pendant trois jours avec cet écriteau : « Ayant eu connaissance de toutes les affaires politiques de son Gouvernement, et s'étant uni avec son frère pour les révéler aux ennemis de l'Etat, le traître a payé ce crime de sa tête... » (1). Un autre rapport d'Andréossi, envoyé au Duc de Bassano le 23 décembre 1812, ajoute « qu'on a trouvé parmi les effets de Morouzzi une bague de 12.000 piastres qui lui avait été donnée par les Russes et les titres de propriété d'une terre dans la partie de la Moldavie, cédée à la Russie » (2). Manolache Draghici, historien roumain contemporain des évènements de 1812, raconte que Napoléon avait envoyé au Sultan une lettre pour lui faire savoir qu'il commençait la guerre contre la Russie et pour l'engager à suspendre les négociations avec le Tsar ; mais que « le Prince Panayotaki, qui remplaçait alors son frère à la Porte, saisissant cette lettre autographe, avant même de l'avoir traduite et donnée au Sultan, l'expédia en toute hâte à son frère, le Prince Dimitrako, à Bucarest, et que celui-ci a envoyé immédiatement au Divan turc une estafette avec force menaces, qui l'annonçait que Koutousow a décidé que, s'il ne reçoit pas dans les 10 jours le traité signé par le Sultan, il passera les Balkans avec son armée et qu'il ne s'arrêtera qu'à Adrianople, où il concluera la paix » (3).

Si l'on en croit ces affirmations, la trahison des Morouzzi est établie ; si cette lettre de Napoléon avait pu être connue à temps par le Sultan, celui-ci aurait accepté moins facilement et moins vite surtout les

<hr>

(1) Eud. de Hurmuzaki, *Documente...*, Suppl. 1, vol. II, p. 700.
(2) A. D. Xénopol, *Etudes historiques...*, p. 242.
(3) Voir Manolache Draghici, *Istoria Moldovei*, II, p. 78.

conditions russes. Il n'est donc pas nécessaire d'invo-
quer une intervention de la France pour expliquer ce
courroux du Padishach. Une lettre envoyée de Constantinople le 25 novembre 1812 par Bosghiovici, drogman de l'ambassade de Prusse, au roi, le dit d'ailleurs :
« ... d'après tous les renseignements que j'ai pu prendre à ce sujet (décapitation des frères Morouzzi), l'influence française n'y entre pour rien et ce n'est qu'une
suite d'humeur prise par le Grand Seigneur pour la
conclusion de la paix... » (1).

* *
*

Alexandre réalise donc en partie ce que Pierre
le Grand, ce que Catherine avaient si ardemment
désiré : s'approprier une portion des provinces
roumaines. Le territoire que les Russes prennent sous
le nom de Bessarabie « un pays tartare » *est en réalité
trois fois plus grand que le pays de Budjéak, celui qui
constituait dans tous les actes du XVIIIe siècle la véritable Bessarabie.* Une carte française du *Cours du Danube*, de 1703 « dédiée au Roy » porte la frontière entre
la *Moldavie* et la *Bessarabie ou le Budziah*; le pointillé
commence sur le *Niester fl.*, un peu plus haut que la
ville d'*Orihoui* et finit au *Pruth R.*, près de son con-
fluent avec le *Danube Fl.*, au village de *Ren.* Les
Russes eux-mêmes, après l'occupation, acceptent im-
plicitement cette nomenclature, en permettant au colonel qui administre les villes de Bender, d'Akerman, de
Kilia et tout le Budjéak de s'intituler « préfet de la
Bessarabie » (2). Les Roumains voyaient les choses de

(1) N. Iorga, *Acte și fragmente...*, II, p. 489.

(2) N. Iorga, *Basarabia noastra*, p. 156.

la même façon ; c'est pourquoi ils considérèrent cette
prise de la soi-disante Bessarabie non comme l'indemnité d'une guerre heureuse contre les Turcs, mais
comme un acte de spoliation envers un pays neutre et
tout à fait en dehors du conflit russo-turc (1). Cette
hostilité des Roumains paraît plutôt étrange quand
on pense qu'en 1792, vingt ans auparavant, ils émigraient en masse en Russie parce que le traité de
Jassy n'avait pas accordé les Pays roumains à la Tsarine. Cette hostilité serait vraiment inexplicable si l'on
ne pensait que six années d'occupation russe les ont
peut-être fait changer d'avis. L'armée de Koutousow
s'est, en effet, conduite en Moldo-Valachie comme en
pays conquis sans songer qu'elle s'aliénait par là toutes
les sympathies de la population. Un rapport de Mériage dit que « l'armée russe avait tellement dévoré ce
pays (la Valachie) qu'au commencement de 1809, il
n'offrait déjà plus que l'image d'un désert » (2). Les
troupes d'occupation ne traitaient d'ailleurs pas mieux
les habitants que le pays lui-même : quiconque ne
marchait pas avec les Russes était déclaré en 1809
« *traître à la patrie* » et mis à mort (3).

Les résultats de cette politique malhabile de la
Russie apparurent immédiatement. Le ministère des
affaires étrangères écrivait de Paris à Latour-Maubourg, le 31 janvier 1812, pour l'engager à pousser les
Turcs à la guerre : «...La Porte a pu apercevoir combien
la Valachie et la Moldavie, écrasées d'impôts et d'exactions depuis leur occupation par les Russes, étaient
mécontentes de leur joug. Tout ce que ces provinces
ont souffert facilitera l'expédition des Turcs. *La Bessa-*

---

(1) Voir Manolache Draghici, *Istoria Moldovei*, tome II.
(2) Al. A. C. Sturdza, *La Terre et la Race des Roumains*, p. 144.
(3) Voir N. Iorga, *Basarabia noastra*, p. 143.

*rabie leur est toujours dévouée. Tout ce qui a été terri-
toire ottoman est mal uni à la Russie et a souvent eu à
regretter ses anciens maîtres »* (1). Cette tentative de la
France ne réussit pas parce qu'elle arrivait trop tard
et parce que les Turcs étaient dans l'impossibilité absolue d'agir ; pourtant cette lettre disait vrai. Les
populations moldo-valaques étaient à bout à cause
des contributions vexatoires que leur imposait Koutousow. L'amiral Tchitchagow raconte sa conversation avec le Tsar avant son départ pour Bucarest et
dit : « L'Empereur avant de me congédier, me remit
un long mémoire, contenant les plaintes des malheureux habitants de la Moldavie et de la Valachie contre
l'armée du général Koutouzow. *J'en ai vérifié l'exacti-
tude sur les lieux et j'ai appris qu'à toutes les représentations, Koutouzow répondait : Je leur laisserai les yeux
pour pleurer.* » (2) Avec cette façon d'agir de la Russie, la chose qu'on pouvait prévoir arriva ; l'article 5
du traité de Bucarest qui, à l'instar de celui de Jassy,
stipulait 4 mois pour permettre aux populations des
Principautés d'émigrer librement, ne fut d'aucune uti-
lité. L'émigration en masse de 1792 au-delà du Dniester ne se répéta plus en 1812 au delà du Pruth. Bien
plus, le consul français Fornetty écrivit de Jassy à Otto
de Mosloy le 9 avril 1813, moins d'une année après la
conclusion de la paix : « M. l'Ambassadeur, ... *La
communication du Pruth est entièrement fermée pour
empêcher l'émigration des paysans établis sur la rive
gauche et qui ne veulent point vivre sous la domination
de la Russie...*» (3). Ce fait caractéristique est la meilleure preuve du changement complet des sentiments

(1) Eud. de Hurmuzaki, *Documente*..., suppl. 1, vol. II, p. 715.
(2) *Discours* de V. A. Uréchia, prononcé à la Chambre roumaine le
27 sept. 1878, p. 13.
(3) Eud. de Hurmuzachi, *Documente*.,., suppl., 1, vol, II, p. 708.

que nourissent, lors de l'occupation, les Roumains
à l'égard des Russes.

N'ayant donc pas pu attacher la population de
cette province à l'Empire, *le Gouvernement russe en-
treprend la russification de la Bessarabie en y faisant
venir parmi les Roumains des colons étrangers*. Déjà
en 1812, outre les 320 à 350 mille Roumains qui formaient
alors la population de la Bessarabie, on trouve 25 à 30
mille étrangers constitués en colonies. En 1814 le gouvernement russe fait venir 1.443 familles allemandes
du duché de Varsovie ; de même en 1816, en 1817. A
l'heure actuelle pour une population totale et approxi-
mative de 2.604.000 âmes il y a à peu près 707.000 étrangers (*Calcul* fait par le Roumain bessarabien, M. Jean
Costin, pour l'année 1912 *d'après les travaux statistiques* des russes Kruchévan et Zozolin.) Il est très in-
téressant de savoir comment est répartie cette population étrangère, composée de Ruthènes 19,6 %, de
Juifs 11,8 %, de Moscovites 8,2 %, de Bulgares 5,3 %,
d'Allemands 3,1 %, de Turcs 2,9 % et d'autres nationalités 1,5 %. (Voir *la statistique officielle russe* pour l'année 1897 (1). Le tableau est formé comme il suit :

		Moldaves	Etrangers
Paysans........	1.900.000	1.700 000	200.000
Bourgeoisie	620.000	170.000	450.000
Noblesse........	16.000	11.000	5.000
Armée..........	56.000	8.000	48.000
Clergé..........	12.000	8.000	4.000

(*D'après Kruchévan et Zozolin.*)

Les Russes forment donc certainement presque
tout le contingent de *l'armée* de Bessarabie et des
fonctionnaires ; une partie des autres étrangers

(1) Pan. Hallippa, *Basarabia*, p. 13.

et la totalité des Juifs, forment la grande majorité de *la population des villes*. Les 200 000 étrangers parmi les paysans sont des colons bulgares et allemands, établis dans les districts de Bender et d'Akerman ; en 1898 les Bulgares habitaient dans 43 villages et les colonies allemandes se composaient de 24 villages (1). *La noblesse* est en grande partie moldave (les 5,000 étrangers sont quelques nobles d'origine russe et tous les hauts fonctionnaires) ; mais elle est complètement russifiée d'aspect, de mœurs et de sentiments. On a tout intérêt et tout avantage à se russifier : on s'allie avec les grandes familles russes, on entre dans l'armée, on devient conseiller privé. *Le clergé et les instituteurs*, quoique roumains en grande partie, ont complètement subi eux aussi le processus de russification ; ce sont ce qu'on appelle les « *renégats* », l'autorité russe les soutient et leur donne tous les avantages. Ils sont très riches pour la plupart et ils sont prêts à remplacer les nobles, qui sont ruinés et qui ont hypothéqué leurs terres chez eux ou chez les usuriers juifs. (Cette description de l'état social de la Bessarabie a été faite par un Roumain bessarabien, M. Georges Codréano, professeur d'histoire au lycée de Galatz).

Avec *les paysans*, le Gouvernement russe ne pouvait employer aucun des moyens qui lui ont servi à russifier les nobles ou les lettrés. On a essayé de fonder des colonies russes à l'exemple des colonies bulgares ou allemandes, mais sans aucun succès. Les écrivains officieux russes se plaignent que ces colons se roumanisent en très peu de temps (*omoldovanivaiutsa*) (2). On parvint à ce but par deux moyens différents et, à

(1) Voir Z. Arbure, *Basarabia in sec. XIX*, p. 37.
(2) Voir Z. Arbure, *Basarabia in sec. XIX*. p, 140.

l'heure actuelle, si la classe paysanne n'est pas complètement russifiée, elle est toutefois très contente de son sort et elle n'a nulle envie de changer de régime et de s'unir au royaume voisin de Roumänie. Leur situation matérielle est, en effet, de beaucoup meilleure que celle des paysans de la rive droite du Pruth : *le premier soin de l'Empire russe a été de leur donner des terres en quantité suffisante* et la crise agraire de 1907 a amplement prouvé que la condition des paysans de Roumanie n'est pas aussi satisfaisante ; d'un autre côté les Roumains de Bessarabie jouissent d'une justice sage, sommaire, sans avocat, sans procédure, tandis qu'en Roumanie un procès peut durer de longues années et les frais de justice, d'avocat, etc., peuvent s'élever souvent à plus du montant de la chose en litige. *L'autre moyen de russification est de leur faire oublier la langue roumaine.* Bien entendu on ne pouvait pas ordonner cela par voie d'ukase ; la substitution de la langue russe à la langue roumaine a dû se faire petit à petit. Au commencement même la langue officielle était en partie roumaine. On a trouvé ainsi un acte du tribunal de Khotin, datant de 1823, rédigé en roumain, un acte de vente de 1835 toujours en roumain, un journal satirique de juillet 1842, *imprimé en roumain* à Baltzi, « qu'on trouvera gratis à la boutique de Carabet (nom arménien) de Baltzi » et dont on n'a découvert d'ailleurs que le premier numéro, enfin des lettres d'ordre privé écrites en roumain jusqu'en 1871 (1). Actuellement on ne permet pas de parler le roumain aux élèves dans les écoles, sous peine de renvoi, et aux fonctionnaires, qui risquent d'être déportés en Sibérie, mais des exemples de ces mesures prises par

(1) Voir N. Jorga, *Son rapport* fait à l'Académie roumaine dans la séance du 14 septembre 1912.

le gouvernement sont plutôt rares et isolés. La cause en est que chez les Roumains de Bessarabie le sentiment national est très peu développé et que s'ils parlent le roumain, le « *moldave* » comme ils le nomment eux-mêmes, c'est qu'ils y sont habitués et que, pour la plupart, les paysans parlent très mal ou pas du tout le russe. Pour leur faire perdre tout à fait le sentiment roumain, le Gouvernement russe les tient intentionnellement dans un état d'ignorance absolue : l'instruction n'est pas obligatoire, les parents peuvent donc ne pas envoyer leurs enfants à l'école et les paysans roumains considèrent ceci comme un bienfait. Indépendamment de ce fait, l'instruction laisse beaucoup à désirer, les écoles de Bessarabie sont très peu nombreuses. En 1877, la Bessarabie moldave — le sud de la province, qui avait été donné aux Roumains en 1856 — possédait 146 écoles, dont 10 gymnases, tandis que toute la Bessarabie russe, contenant neuf fois plus d'habitants, n'avait que 220 écoles (1). Les résultats de cette politique tellement malheureuse pour les Roumains sont mis en évidence par les chiffres statistiques. Voici, d'après les nationalités, le pourcentage de ceux qui savent lire et écrire :

	Hommes	*Femmes*	
Allemands	63,5 %	62,9 %	
Polonais	55,6 »	52,9 »	
Juifs	49,6 »	24,1 »	
Moscovites	39,9 »	21,1 »	
Bulgares	31,4 »	6,4 »	
Turcs	21,1 »	2,4 »	
Ruthènes	15,3 »	3,1 »	
Roumains	*10,5* »	*1,7* »	(2)

(1) Voir **Elisée Reclus**, *Nouvelle Géographie universelle*, V. Russie. p. 557.
(2) Pan. **Halippa** *Basarabia*, p. 13.

Quand on pense qu'en outre le service religieux, qui est exactement le même pour les Roumains et pour les Russes, se fait seulement en langue russe, qu'il y a impossibilité complète pour tout livre, pour tout journal roumain d'entrer en Bessarabie, qu'on ne tolère dans aucune bibliothèque les livres roumains (1), il est facile de comprendre que la plupart des paysans de Bessarabie ignorent complètement l'existence de toute vie nationale dans le royaume ou dans les autres pays habités par les Roumains. On ne comprend vraiment pas les écrivains et les nationalistes roumains, qui, même aujourd'hui, ne se font pas une raison de la perte de la Bessarabie. Il est vrai que le sentiment national roumain a été douloureusement froissé lors des fêtes du centenaire en 1912, quand le gouvernement russe a invité, on ne sait pourquoi, l'Etat roumain à participer à toutes ces solennités. La Roumanie a refusé naturellement et de là est née toute une polémique entre les quelques russophiles qui se trouvent parmi les Roumains et toute la grande masse des nationalistes. Ceux ci doivent voir pourtant que dans l'état actuel des choses avec l'organisation de l'Empire russe et avec la situation des Bessarabiens, il est absolument impossible d'imaginer même une annexion de la Bessarabie à la Roumanie.

La Russie est trop puissante et l'importance de cette province est trop grande pour que l'on puisse jamais envisager une reprise ou une rétrocession de la Bessarabie. En 1812, quand le Grand Vizir s'étonnait que les Russes, qui possédaient déjà le quart du globe, désirassent à tel point ce petit morceau tout à fait insignifiant et trouvait honteux de leur part de marchander

(1) Voir Z. Arbure, *Basarabia in sec. XIX* p. 24.

ainsi (1), c'est qu'il ignorait la valeur réelle de ce « petit bout de terre », tandis que les Russes la connaissaient. *En prenant la Bessarabie, on s'appropriait en même temps les embouchures du Danube.* Ce n'est qu'un demi-siècle plus tard que Napoléon III s'aperçut de l'importance de ce fait : il donna à la Moldavie, par le traité de Paris, la portion de la Bessarabie, qui forme une bande de terre le long du Bas-Danube, et constitua en même temps la Commission européenne du Danube pour administrer le cours du fleuve. En 1878, lorsque la Russie victorieuse exigea la reprise de la Bessarabie, on fut obligé d'accepter, mais le Congrès de Berlin donna à la Roumanie la Dobroudja avec tout le delta du Danube et la frontière avec la Russie fut fixée au bras de Kilia, le moins navigable des trois. Ce qui sauva la Roumanie en 1856 et en 1878, ce fut l'importance économique de sa position géographique. On peut prévoir par conséquent que ni les Russes ni les Bulgares ne prendront la Dobroudja ou les bouches du Danube quoiqu'il arrive, mais on ne doit pas s'imaginer non plus que la Roumanie pourra jamais s'agrandir aux dépens de deux pays slaves qui poursuivent peut-être un rêve commun.

La possession d'un même Etat pour toute la Nation roumaine est un idéal, qu'il est bon de laisser subsister, mais qui ne doit pas exalter outre mesure les esprits.

Paris, le 21 Mars 1913.

(1) Voir N. Iorga, *Basarabia noastrà*, p. 445.

BIBLIOGRAPHIE

Arbure (Z).— Basarabia în secolul XIX. Bucuresti, 1898.

Beer (Adolf). — Die orientalische Politik Oesterreichs seit 1774, 1883.

Boukharow (Dmitri de). — La Russie et la Turquie.

Bourgeois (Emile). — Politique étrangère, vol. I et II. Paris, 1909-11.

Calmushi (Const). — Relațiunile politice ale țerilor române cu Rusia Galatz, 1911.

Cantémir (D.). — Descriptio Moldaviae.

Créhange (Gaston). — Histoire de la Russie, 1896.

Drayhici (Manolache). — Istoria Moldovei, tome II.

Driault (Ed.). — Politique orientale de Napoléon. Paris, 1904.

Halippa (Pan.). — Basarabia. Jassy, Mai, 1912.

Hammer (J. de). — Histoire de l'Empire Ottoman, vol. XIV.

Hurmuzaki (Eud. de).— Documente privitoare la istoria Românilor, suppl. I, vol. II.

Iorga (N). — Acte și fragmente cu privire la Istoria Românilor, vol. II, 1896.

— Basarabia noastrà. Vàleni de Munte, 1912.

— Geschichte des rumänischen Volkes.

— Academia Romànà. Din ținuturile pierdute. Bucuresti, 1912.

Jonquière (Vte de la). — Histoire de l'Empire Ottoman.

Kogàlniceanu (M.). — Archiva romàneascà. Jassy, 1860.

Lavisse (Ernest). — Histoire de France, vol. IX.

Lefebvre (A). — Histoire des Cabinets de l'Europe, vol. III.

Martens (Géo. Fréd. de). — Recueil de traités, vol. II.

Martin (Henri). — Histoire de France, vol. III.

Metternich (Prince de). — Mémoires, documents, etc. laissés par ., vol. II, 1880.

Mitilineu (M.). — Colecţiune de tratatele si conventiunile României.

Neculce (J.). — Letopisete, vol. II.

Rambaud (A.. — Histoire de Russie.

     — Recueil d'instructions données aux ambassadeurs et ministres de France. Russie.

Reclus (Elisée). — Nouvelle Géographie universelle, V. Russie, 1885.

Roux (Charles). — Les origines de l'expédition d'Egypte. Paris, 1910.

Sorel (A). — La Question d'Orient au xviiie siècle.

Sturdza (Al. A. C.). — La terre et la race des Roumains, 1904.

Taine (H.). — Les Origines de la France contemporaine, vol. IX, Paris, 1906.

Tatistcheff (Serge). — Alexandre I et Napoléon.

Thiers (A.). — Consulat et Empire, vol. VII et IX.

Urechia (V. A.) — Discours prononcé à la Chambre roumaine le 27 sept. 1878.

Vandal (Albert). — Napoléon et Alexandre, 1891.

Xénopol (A. D). — Études historiques sur le peuple roumain.

     — Histoire des Roumains, vol. II.

Zilot Românul. — Hronica lui...

Zinkeisen. — Geschichte des osmanischen Reiches, vol. V, VI et VII.

Châteauroux, imp. Badel. 27739.

www.ingramcontent.com/pod-product-compliance
Ingram Content Group UK Ltd.
Pitfield, Milton Keynes, MK11 3LW, UK
UKHW022111070726
13613UKWH00002B/995